职业院校创业教育通用教材

职场人际关系与沟通

谭一平 徐晓丹 编著

清华大学出版社
北京

内 容 简 介

本书包括人际沟通的原则和方法、与上司的关系、与同事和客户的关系、拓展职场人脉的步骤、沟通的基本功、与上司沟通的技巧、文字沟通、商务谈判、职场情商等内容。本书内容以实用为主，不仅针对性和可操作性强，而且理念先进。

本书可以作为职业院校就业指导与人际沟通的公共课教材，也可以作为一般读者学习人际关系与沟通的读物。

图书在版编目（CIP）数据

职场人际关系与沟通/谭一平，徐晓丹编著. —北京：清华大学出版社，2011.1（2022.8重印）
（职业院校创业教育通用教材）
ISBN 978-7-302-23734-1

Ⅰ.①职… Ⅱ.①谭… ②徐… Ⅲ.①人际关系学—职业教育—教材 Ⅳ.①C912.1

中国版本图书馆CIP数据核字（2010）第166971号

责任编辑：田在儒 张 弛
责任校对：袁 芳
责任印制：宋 林

出版发行：清华大学出版社
网 址：http://www.tup.com.cn，http://www.wqbook.com
地 址：北京清华大学学研大厦A座 邮 编：100084
社 总 机：010-83470000 邮 购：010-62786544
投稿与读者服务：010-62776969，c-service@tup.tsinghua.edu.cn
质 量 反 馈：010-62772015，zhiliang@tup.tsinghua.edu.cn
印 装 者：三河市铭诚印务有限公司
经 销：全国新华书店
开 本：185mm×260mm **印 张**：9.5 **字 数**：176千字
版 次：2011年1月第1版 **印 次**：2022年8月第8次印刷
定 价：25.00元

产品编号：036566-02

“学好数理化，走遍天下都不怕！”许多青年学子抱着这样的传统观念由学校走进了职场。在他们看来，只要自己工作能力优秀，在职场就一定会大有作为。其实，这种观念早已过时了，要想在现代职场上快速奔跑，优秀的工作能力和良好的人际关系犹如一个人的两条腿，缺一不可。

为什么在职场上人际关系越来越重要呢？一方面是由于社会分工越来越细，我们每一个人的工作要想取得成功必须得到周围人的配合。没有良好的人际关系，就很难得到很好的配合。另一方面，我们生存的环境变化得越来越快，面临不可预测的挑战越来越多，面对这些挑战，很多时候我们个人都是无能为力的。只有那些拥有良好人际关系的人才能借用大家的力量，战胜困难，并抓住由挑战带来的机遇。因此，“三分做事，七分做人”是对现代职场最真实的写照。

要提高人际关系的处理能力，关键在于提高沟通能力。为了满足同学们将来进入职场的需要，我们编写了这本书，希望它能帮助同学们了解一些处理人际关系的基本技能。本书在诸多方面都做了有益的尝试，具体有以下几大特点。

一、理念先进

本书以现代职场员工面临的普遍问题为切入点，通过解剖问题，将现代职场的一些基本价值观和处理问题的方法介绍给读者，因此，理念既新颖又先进。

二、内容全面

本书在介绍传统的人际沟通理论的同时，又引入了情商、商务谈判等新兴的职场理论，内容上更丰富，应用面更广。

三、实用性强

本书不过多地介绍定义、性质等知识性内容，着重介绍解决问题的原则和方法，注重实用性。

四、强调教学互动

本书在每一章后面设置了“反思”和“项目任务”两个教学模块，大大增强了实操感，使学生身临其境。

本书既可作为教材，也可供在职人员及社会人士学习使用。本书的第八章和第九章由外语教学与研究出版社的徐晓丹老师编写。书中漫画插图由张强绘制。

当然，尽管编者竭诚努力，但由于水平有限，本书仍有诸多不足之处，所以，编者期望与广大读者进行交流，因此，欢迎读者登录编者的“一平工作室”(http://www.tanyiping.com)，对本书给予批评指正，以便在将来修订完善。

谭一平

二〇一〇年十月于北京

第一章　概述 ………………………… 1

第一节　人际关系与沟通的含义 ………………………… 2

第二节　人际关系是客观存在的 ………………………… 3

第三节　重视人际沟通的意义 ………………………… 6

第二章　人际沟通的原则和方法 ………… 8

第一节　处理人际关系的基本原则 ………………………… 9

第二节　有效沟通的基本原则 ………………………… 15

第三节　有效沟通的基本方法 ………………………… 18

第三章　与上司的关系 ………………… 22

第一节　部下必须尊重上司 ………………………… 23

第二节　与上司和谐相处的基本方法 ………………………… 29

第三节　构筑与上司的信赖关系 ………………………… 32

第四章　与同事和客户的关系 ………… 36

第一节　与同事的关系 ………………………… 37

第二节　与客户的关系 ………………………… 42

第五章 拓展职场人脉的五大步骤 ……… 44

第一节 树立个人的品牌 ……… 45
第二节 做出业绩 ……… 53
第三节 扩展朋友圈 ……… 58
第四节 发布自己的信息 ……… 62
第五节 把握机会 ……… 65

第六章 沟通的基本功 ……… 70

第一节 “听”的方法 ……… 71
第二节 “说”的方法 ……… 72
第三节 肢体语言的运用 ……… 74

第七章 与上司沟通的要点 ……… 81

第一节 倾听的要点 ……… 82
第二节 提问的要点 ……… 83
第三节 表示敬意和感谢的要点 ……… 86
第四节 报告的要点 ……… 88
第五节 提建议的要点 ……… 90

第八章 书面沟通 ……… 93

第一节 企业文书的分类 ……… 94
第二节 企业文书的基本要求 ……… 96
第三节 企业信函的基本格式 ……… 97

第九章　商务谈判 …………………… 102

第一节　谈判准备工作 …………………… 103

第二节　报价的原则 …………………… 104

第三节　讨价还价的技巧 …………………… 106

第四节　签订合同 …………………… 111

第十章　沟通应该注意的问题 …………………… 120

第一节　选择合适的沟通途径 …………………… 121

第二节　选择合适的沟通方式 …………………… 125

第十一章　职场情商 …………………… 128

第一节　情商概述 …………………… 129

第二节　提高情商的意义 …………………… 131

第三节　情商的构成 …………………… 134

第四节　提高情商 …………………… 137

第一章　概述

第一节 人际关系与沟通的含义

一、人际关系的含义

人际关系的定义有广义和狭义之分。广义的人际关系除了包括个人对个人之间的关系之外，还包括个人对单位、单位对单位等更广泛的社会关系；狭义的人际关系是指个人与个人之间的关系。本书介绍的人际关系是指后者。

二、沟通的含义

沟通是指在一定的社会环境下，人们借助共同的符号系统，如语言、文字、图像、记号、手势等，以直接或间接的方式彼此交流和传递各自的观点、思想、知识、爱好、情感、愿望等各种各样信息的过程。

第二节　人际关系是客观存在的

一、人际关系无法回避

所谓职场，就是大家一起工作的场所。既然大家在一起工作，那么相互之间就必然会产生各种关系，如上下级关系、同事关系等。因此，这些关系是客观存在的，任何人都不可能回避。只要你在职场工作，与你相关的各种人际关系就自然而然地存在。

在公司内部，同事之间有收入、年龄、性别、学历等方面的差异，他们不仅在兴趣、关心的问题、考虑问题的方法和对同一事物的感受方面都不尽相同，而且他们之间还有长幼之分及尊卑之别。由于这种种差别交织在一起，不仅利益上存在矛盾，而且观念上也存在差异。

社会学家按照人们的价值观取向，将人分为六种类型：第一种是追求理论价值的人，这种人对真理、未解之谜保持着强烈的兴趣；第二种是追求宗教信仰价值的人，这种人对宗教信仰有强烈的兴趣，愿意为神献身；第三种是追求经济利益的人，这种人对金钱和物质有强烈的兴趣；第四种是追求权力价值的人，这种人对权力、支配他人和让别人尊敬自己有强烈的兴趣；第五种是追求审美价值的人，这种人对艺术及美的欣赏有强烈的兴趣；第六种是追求社会价值的人，这种人对献身社会公益事业、献爱心、扶贫济困有强烈的兴趣。虽然大千世界不止这六种类型的人，但主要是以这六种类型的人为主。正是由于人们在价值观上存在着明显的差异，所以，它严重阻碍着人们互相之间的理解，如那些爱财如命的人，他们就无法理解学习雷锋，帮别人做好事的行为，这种行为在他们看来就是做“傻事”。

在学生时代，同学之间的年龄基本相同，因此兴趣和爱好大同小异，特别是思考问题的方法和看问题的角度基本相近。所以，彼此之间无论是说话的题目，还是说话的方式，都有些“臭味相投”。因此，在处理人际关系方面，他们理论和经验几乎都是一张白纸。

对于职场新人来说，这种新的人际关系无疑是一个巨大的挑战。当你进入职场后，首先要理解并习惯这种由三教九流构成的人际关系。在为人处世方面，要格外用心，不能像学生时代那样，以个人好恶为标准，自己不喜欢的置之不理；自己喜欢的就抱成一团。

在学校，如果你看不惯哪个同学的行为或讨厌他的性格，你可以一个星期甚至一个学期不跟他说一句话，但是作为员工，哪怕你与同事到了不可调和的地步，你俩还得桌子挨桌子每天坐在一块儿，工作上还要互相配合。而且，不管你喜欢不喜欢，作为职场新人，你还得老老实实听从他的指挥。

一些职场新人以为上班只要做好本职工作就行了，花那么多精力和时间去处理人际关系，不仅庸俗，而且浪费生命，所以，他们下班就自己看书、娱乐或沉溺网络，尽量少与同事打交道，减少人际交往，这是不现实的。

现在职场新人跳槽率较高，他们跳槽的主要原因就是与上司和同事合不来，没办法处理好自己的人际关系。如果在一个企业内部，人际关系都非常紧张，那么当然说明它管理方面存在问题，但是，单纯采用“跳槽”的办法来逃避复杂的人际关系，作用有限，跳槽毕竟只是一种消极的逃避方式；只有反省自己，找出症结，尽快提高自己处理人际关系的能力。提高自己处理人际关系的能力，是成为公司标准员工的前提。

会处理人际关系是一种素质，也是一种能力。特别是对于职场新人来说，应该把学会处理好人际关系当做工作的一部分。良好的人际关系，不仅能给你带来工作效率和愉快的心情，也能给你的同事带来愉快和工作效率。

人际关系的复杂，就像自然界的气候一样，多变但也有章可循。现在人们不是已经适应了自然界的四季更替吗？所以，在处理人际关系的过程中，只要你了解其中的奥秘，一样可以春播秋收，夏耕冬储。

二、构筑人际关系的基础

人类是在适应环境的条件下生存的，作为公司员工也必须适应职场的工作环境。我们每个员工每天都在与各式各样的人打交道，所以，适应工作环境的首要条件，就是要了解自己在日常工作中接触到的每一个人。只有了解了对方，你才能考虑以什么方式建立和建立什么样的关系。

了解一个人，也就是了解他的情感、想法和性格等，这在心理学上被称为“对人的认识”。当你了解了你面前的这个人到底是个什么样的人时，就能帮你迅速判断对方的行为。为什么张三总是跟自己过不去？为什么李四总不与团队配合？他们的每一种行为都有独特的背景，只有了解了他们行为背后的动机，才有可能真正了解他们各种行为的意义。因此，在处理职场中的人际关系时，只有首先了解对方目前的需求处于哪一个层次，把问题深化，才能真正了解对方。

一般员工工作的首要目的自然是为了获得收入，使生活稳定。对于大多数

公司员工来说，工作不单纯是为了填饱肚子，除了追求温饱，他们还有各种各样的需求，如发挥自己的才能，追求社会的尊重等。关于这一点，先来看看马斯洛(A.H.Maslow)关于人类需求的理论。

人是由于某种动机而做出具体行为的。如果没有动机，人就不会有行动。形成动机的一个基本因素是“需求”。人类的需求一般分为五个阶段：第一阶段为生理需求；第二阶段为安全需求；第三阶段为社会需求；第四阶段为自尊需求；第五阶段为自我实现的需求。

人类的第一需求当然是生理上的需求，即维持基本的衣、食、住、行。这个层次的需求最强烈，因为人类只有先满足了这种最基本的需求之后才会产生其他层次的需求。

公司员工有了稳定的工作和收入，在解决了最基本的生理需求之后，他们自然就会追求安全的需求。今天衣、食、住、行的需求得到了满足，但明天是不是还能得到满足呢？这种今天对未来的担忧就是人们对安全的需求。公司员工在固定的工作中满足了这个层次的需求，于是第三个层次的需求，即被社会承认的需求就自然而然地产生了。因为人是社会性的动物，他们会在职场和其他场所交各种各样的朋友。只有当他们归属于各种各样的集团或组织，与其他人保持平等正常的关系，与所在的组织融为一体时，他的这种被社会承认的需求就得到了满足。当这个层次的需求一旦被满足，于是他们就会产生希望得到别人认可的愿望，这样第四个层次的需求也就随之出现，即他们不仅希望能成为这个组织的一员，而且还希望成为这个组织中的领导者，如被提拔为项目主管、部门经理甚至总经理，受人尊敬。如果人们在一定的程度上满足了自尊的需求，对第五个层次的需求，即实现人生自我价值的需求也就会接踵而至。为了实现自我价值，追求成功，很多人会忘我工作、不计报酬等。

第三节　重视人际沟通的意义

一．处理好人际关系的意义

根据社会学家们的总结，公司员工成功由以下三个因素构成，它们之间的关系如图1－1所示。

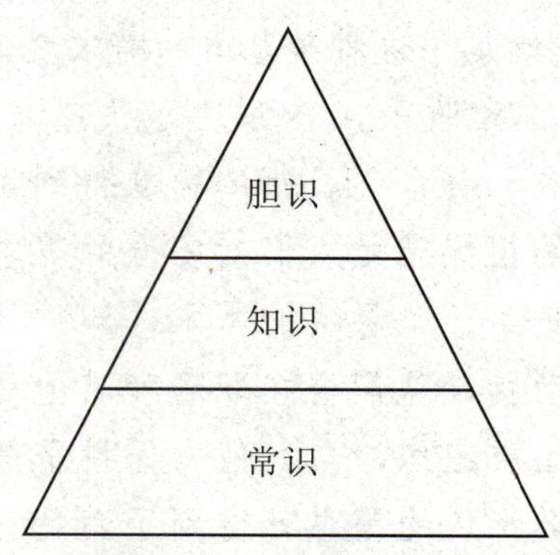

图1－1　公司员工成功因素结构

图中的“常识”是指社会常识，它决定一个公司员工“做人”的水平，它是一个公司员工成功的基础。也就是说，如果一个公司员工不会“做人”，不能与周围保持一种和谐的人际关系，那他就不可能取得成功。图中的“知识”是指公司员工“做事”的能力，它既可以从学校学到，也可以在实际工作中积累。图中的“胆识”是指公司员工的逆向思维，对工作的创新能力。如果总是按部就班、得过且过，那就根本谈不上成功。

这个图证明了在现代职场上每个人都是“三分做事，七分做人”。一个公司员工要想在事业上获得成功，不可能完全靠“人际关系”来实现，他必须在具备一定的天赋的基础上刻苦而又努力地工作。但是，你能力再强，工作再努力，如果不善于处理自己与各方面的关系，不会“做人”，那你就很难在事业上有所作为。

在现实生活中，有许多“才子型”员工，他们确实才高八斗、学富五车，但由于恃才傲物，不会或者不屑于处理好与各方面的关系，最终事业蹉跎，空叹怀才不遇。相反，有些员工看上去才智平平，除了做人“八面玲珑”，会“搞关系”外，似乎没有别的什么特长，但是，他们在事业上往往如鱼得水、飞黄腾达。这其中的奥秘就在于“人际关系”的和谐与否。建立起良好的人际关系，就能借用上司和同事的力量，让一加一大于二，取得事半功倍的效果，否则就有可能一加一小于二，事倍功半，甚至颗粒无收。

受一些似是而非观念的影响，现在员工把搞好人际关系简单地看成投机钻营，认为只有心术不正而又没有什么真本事的人才这么做，其实这是错误的。不能否认，几乎每个公司都有人通过“拉关系”来营私舞弊，而且这种“营私舞弊”也的确是一种不正之风，但是这与搞好人际关系本身没什么关系。

二．提高沟通能力的意义

对于公司员工来说，交流沟通与人际关系有很大关联作用。你在与同事们沟通时，如果你与同事的关系不错，即使你偶尔说话不到位，他也不会跟你计较；相反，如果你们之间的关系已经很僵，那只要你说话稍不注意，他就要从鸡蛋里挑骨头。所以，如果你与同事的关系不错，那你们的沟通就会比较顺利；而这种良好的沟通又能让你们之间的关系更加和谐。相反，如果你们之间的关系很别扭，那沟通起来就会更加困难；如果沟通起来很困难，那它又会让你们的关系雪上加霜。因此，如果你的沟通能力不是很强的话，那你就要注意建立良好的人际关系，用它来弥补自己沟通能力的欠缺；同样的道理，如果你的人际关系处理得不是很好的话，那么你就要注意提高自己的沟通能力，用它来改善自己的人际关系。

读书笔记

第二章　人际沟通的原则和方法

第一节 处理人际关系的基本原则

一．实事求是

实事求是不仅是公司员工工作的基本原则，也是公司员工处理好人际关系的基础。公司员工在处理人际关系的过程中，坚持实事求是的原则就是老老实实做人，规规矩矩办事。但是，老老实实做人和规规矩矩做事仅仅是建立良好人际关系的基础，并不等于一定能搞好人际关系。要搞好人际关系，就必须在坚持实事求是原则的基础上，根据自己面临的实际情况，对具体问题具体分析，有的放矢。

有些职场新人以为实事求是就是实话实说，就是正直的表现。其实这是误解。什么是“正直”？所谓正，就是正大光明，不搞歪门邪道。所谓直，就是坚持原则，该说的才说，不该说的绝对不说；正直就是公正无私，刚正不阿，所以，那种张口就来，有话就说的人算不上真正的正直。有话直说，只能是经验和能力的体现；作为职场新人，你还不具备一定的经验和能力，那就少说为佳。在职场上一定要牢记“祸从口出”这句古训，慎言慎行，只有这样，才能维持良好的人际关系。

职场新人应先多看和多听，熟悉情况，适应环境，之后再去动脑筋剖析自己发现的问题，找到切实可行的解决办法，这就是“实事求是”。只有这样，你才能让上司和同事们信赖你。

小马大学毕业后，到一家民营企业给总经理当秘书。这是一家典型的家族企业，虽然规章制度不少，但执行的并不严格。比如负责采购的是总经理的女婿，他在采购过程中吃供货商的“回扣”，这在公司上下已是公开的秘密。而且由于进货把关不严，经常造成公司产品出现质量问题，但大家都是睁一只眼闭一只眼。小马进公司已经有半年多了，觉得自己作为总经理的助手对这件事不能熟视无睹，于是给总经理递交了一份《如何根治家族企业中的人治现象》的报告。报告洋洋数万言，把总经理的女婿当做了反面典型。总经理接过报告之后翻了几页，就把它塞进了抽屉。没过几天，公司产品又因原料问题导致客户退货。在处理完这件事之后，小马再次对总经理提起了他那份报告，但他没料到总经理反而怒气冲冲地问他：“这个公司你是老板还是我是老板？”由于老板的不支持，再加上同事们嫌他“多事”，小马只好主动辞职，另谋工作。

其实，无论哪个公司，它都有阳光的一面和灰暗的一面，没有不存在问题的地方，这是辩证法决定的。所以，如果你只要一看到公司里的灰暗面，就马上高谈阔论，用书本上的理论来指点江山，那肯定是自讨苦吃。书本上的理论往往只是一般性的原理，而公司里的问题多是个别现象，你不可能照搬书本上的那些一般性原理来解决公司的实际问题。如何用书本上的理论来解决本公司的实际问题，需要有一个长期的学习和探索的过程。的确，言者无罪，闻者足戒，尽管你精神可嘉，但你违背了实事求是的原则，所以，你那些空洞不着边际的“理论”久而久之就会让你的同事反感，因而破坏你与他们的关系。

二．诚实守信

公司员工要想做好本职工作，就必须取得上司和同事的信赖。那么，上司和同事凭什么信赖你呢？只有诚实守信。如果你诚实守信，就能与周围的同事保持和谐的关系，就会让你在工作中事半功倍。相反，如果你不能与同事保持和谐的人际关系，他们就不会信赖你，你与他们的沟通就会很艰难，甚至要付出额外的代价。如果同事信赖你，他把你当成铁哥儿们，那你说什么他都相信；相反，如果他信不过你的为人，即使你说得再好，他也可能一句也听不进去。

当然，要让上司和同事觉得你为人诚实而信赖你，并不是一件很容易的事。为人要诚实，但并不等于不要掩饰自己。公司里的同事大多是诚实和善良的，可每个公司总有几个别有用心的人，如果你不戴“面具”，那就等于“赤裸裸”地站在他们的面前，这样，你就很容易被他们所利用。害人之心不可有，防人之心却不可无。尽管大家戴着“面具”拉开了人与人之间的距离，但这是一种无奈；戴上“面具”并不是为了骗人，只是为了保护自己。由于大家都戴着“面具”做人，所以，让上司和同事信赖不是一件很容易的事。

有些职场新人不愿意也不会掩饰自己，他们初生牛犊不怕虎，敢想也敢说，这勇气固然可嘉，但他们的敢想敢说也常常被人利用，让人当枪使，最后弄得自己像“猪八戒照镜子，里外不是人”。因此，公司员工既要为人诚实，又要学会明哲保身。

三．为人谦虚

与老同事相比，职场新人在知识结构和观念上有许多新鲜的东西，这是他们的优势，但是，在没有将知识与本公司的实际情况相结合，化作“知识的力量”之前，这些新知识仅仅只是表示“你知道的东西”；而你的知识不可能在一夜之间与公司的实际情况结合起来，所以，职场新人没有什么可以骄傲的资本。

在现代职场，没有多少人会看重你的知识，人们看重的是你用这些知识解决实际问题的能力。能用知识解决实际问题才是能力。现在有些职场新人总是抱怨实际工作与他学的大不一样，工作没法干，从而要求实际工作来配合他掌握的“先进”知识，这其实就是一种无知。要了解你工作的实际情况，就必须再学习。作为公司的员工，虽然在知识和观念上可能有一定的优势，但与公司老员工相比，无论是在技能和经验上，还是在综合判断能力上，都有相当的差距，因此，新人没有理由不保持谦虚的态度。

的确，许多公司的老员工把书本上的东西都忘得差不多了，但是，他们都把自己的书本知识转化成了实际的经验和能力。相反，如果你不能将学校学到的知识与公司现有的实际情况结合起来，就说明你消化不良，是半瓶子醋。因此，在工作中必须谦虚学习。只有谦虚，老同事们才会真诚地接纳你。谦虚不仅是工作的需要，也是尽快融入公司，进入公司老员工“社交俱乐部”的入场券。

一些刚刚进入职场的新人，都急于显露自己的才能和实力，盼望尽快得到上司和同事的认可，所以表现得锋芒毕露、凡事都要争个“先手”，有时动不动还要来个“抢跑”，这对于胸怀大志的年轻人来说，有百害而无一利。职场新人初来乍到，要尽快熟悉“圈子”里的人和事，先不要多嘴，以免惹人烦，最好是保持沉默，多听、多看，用谦虚诚恳的态度向同事学习业务知识，主动与感觉友好的同事接触，根据相同的爱好，可共同参加一些业余活动。或请他们吃顿饭，或在一起聊聊天，增进友谊，这样才能顺利完成上司交办的任务。而这些知识是在学校和书本上无法学到的。工作需要的也正是实践经验。只要你把关系理顺了并很快地融进了“圈子”，那么对你日后的工作将大有裨益。

因此，一个新员工进入公司前三年，应睁大眼睛闭上口，一心一意种好自己的责任田。也只需要三年的经验积累，你就能了解公司的软硬环境，建立起自己在公司内外的人脉网络，形成自己的判断能力和解决问题的能力；你要意识到，你的办公室是交织着各种矛盾和利益的名利场，你身边的每一个同事，都是名利场上身经百战的斗士。

四. 与人为善

与同事建立良好的人际关系，互敬互信，这不是一朝一夕能做到的。长期相处共事，总有说话不注意、做事不到位的时候，因此，在同事之间出现一些误会和矛盾是难免的。有些职场新人一遇到点误会或发生点矛盾，就会马上对同事失去信心，变得心灰意懒，甚至怀疑对方的人品，无限“上纲上线”，以为对方有什么企图或用心，于是最后决定以牙还牙，这样，双方的关系很快就变僵了。因此，作为公司新员工一定要与人为善，富于宽容。与同事出现了误会甚至矛盾，自己应该迈出第一步，主动想办法来化解矛盾。只有这样，对方才会更加信赖和敬重你，彼此的关系才会更加紧密。如果出一点事就垂头丧气，经不起挫折，怨天尤人，那么人际关系肯定搞得一团糟。

五. 从我做起

人际关系从字面上理解，是你与周围的人的关系，所以，有些职场新人觉得自己的人际关系搞不好就是因为周围的同事不好。其实，每个人的人际关系的好坏首先取决于跟自己关系的好坏。

影响双方人际关系的主要是双方的言行，而你的一切言行，事实上都要先通过你“自己”这一关。如果没有你自己的“同意”，那“你”就不会说话，就不会做事，所以，你要与同事建立一个什么样的关系，也是由你自己决定的。也就是说，你想做一个什么样的人，就会把自己“塑造”成什么样子，就会按这个样子去与周围的同事建立关系。所以，你应该为自己人际关系的好坏负全部的责任。你抱怨公司的同事心胸狭窄，性格太古怪，这不但没有用，反而可能使关系变得更糟。

因此，要搞好人际关系，首先要从我做起，调整好自己。自己身上有哪些优点？自己身上还有哪些缺点？如果对自己有了充分的认识，那就为建立良好的人际关系打下了一个坚实的基础。如果你先把与自己的关系调整好了，在对自己有充分认识的基础上对自己充满自信，那你就有可能与周围的同事建立起和谐的关系。

从我做起，说起来容易做起来难。有些职场新人喜欢以自我为中心，总认为自己非常了解自己，不愿意花时间进行自我反省，不仅从来不怀疑自己身上有缺点，而且也不能欣赏同事身上的优点，因此，他们处理不好自己与周围同事的关系就不难理解了。

还有些人总是习惯用高标准要求同事，很少用高标准要求自己，心里总是想着别人应该如何如何，很少反省检讨自己有没有如何如何。如果你希望与同事搞好关系，随时用高标准要求自己，事事从我做起，那你的人际关系自然会变得越来越好。

你看得起同事，同事才会看得起你，这就是“敬人者恒敬之”。很多人知道这个道理，但在实际工作中却常常这样想：“为什么要我主动？他就不能主动？如果我主动了，他不买我账的话，那我不就吃亏了？”自己总是站在那里观望，等待同事主动。其实，只要你积极主动，从我做起，以诚相待，即使对方一时不买你的账也没关系，日久见人心，同事之间互相尊重的氛围自然会逐渐形成，人际关系自然而然地会变和谐。同事之间的关系就像一面镜子，你笑容可掬，对方自然会用笑容回馈你。

六．主动交往

俗话说“山不转水转”，意思是做人要多交朋友，广结善缘，这样一旦有什么事，你就可以随时随地找到朋友帮忙，而且，在交友过程中，你不但可以增长见识，而且能够拜师学艺。要多交朋友，主动交朋友，自然就要参加一些社交活动，如与同事一起吃饭、泡吧和唱歌、周末打打麻将等。通过这些娱乐活动，加深彼此的了解，增进友情，这样不仅有益于身心的健康，而且对工作大有帮助。

有些刚从学校毕业的公司员工喜欢自我设限，只跟那些与自己趣味相投的人做朋友，有的甚至干脆独往独来，以为自己只要在上班时把本职工作做好，让上司满意就行了，下了班回家多看点书，清清静静做人。他们把与同事一起吃饭唱歌当做浪费时间，甚至低级趣味。

喜欢孤芳自赏的人不适合当公司员工。古人说“水至清则无鱼”。实际上在每个公司内都存在着两种形式的组织，一种是正式的；一种是非正式的。正式的组织就是根据工作分工而出现的组织，它是以职位为中心，比如从总经理开始一直到部门经理、项目经理和普通公司员工，这种组织是公开的；非正式的组织是由同事或朋友等自然关系形成的，如几个喜欢玩游戏的男生经常扎堆聊天，几个喜欢时装的女生经常结伴逛商店，这种组织不仅是非正式的，而且是无形的。虽然这种非正式组织是无形的，但它同样在深刻地影响着公司里每一个人的工作，比如，你在工作中过于勤奋或过于懒惰，都会受到同事的排挤。所以，公司员工要做好本职工作，不仅要取得上司的信任，而且必须与同事们保持和谐的关系，只有这样，你才能得到他们的工作支持，因此，只要有机会，你就要主动与他们结交朋友，由浅入深，逐渐培养友谊。

七．保持适当距离

公司员工一方面要积极主动与各方面交往，扩大人际交往的范围，保持良好的人际关系；但在另一方面你又要注意不给人一种你正在拉帮结伙的印象。所以，在与周围人的交往过程中，既要积极主动，又要注意保持适当距离，即君子之交淡如水。所谓适当距离，就是无论关系再密切、交情再深，双方都有自己的隐私，在彼此以诚相待的基础上互相尊重，不干扰对方的私生活，在和谐中保持各自的独立。

一些职场新人喜欢讲义气，他们以为既然成了哥儿们或姐儿们，那还需要分什么彼此？你的事就是我的事，如果你有事我不帮你那还算什么哥儿们？由于过分不分彼此，有时你就在无意中触及了对方的隐私，在不知不觉中伤害了对方。所以，与同事必须保持适当的距离，有些话对方不方便说你就不要问；有些事对方没有请求你就不要做，这样就能保证双方的关系和谐而又持久。

八．尊重公司潜规则

公司员工人际关系的好坏，与他对公司潜规则的了解有很大的关系。所谓“潜”是指水底下，而“规则”则是指它已被大多数人承认并且遵守。因此，公司潜规则实际上就是那些不能摆到桌面上来公开讨论的规则，它可以说是公司内部的“风俗习惯”，是一个公司多少年来一代一代沉淀下来并将传续下去的一种公司文化；作为一种价值观，它既不是某一个人定的，也不会因某一个人不习惯而改变。所以，尽管公司的“潜规则”既不像公司的规章制度那样写得清清楚楚，也不像公司的劳动纪律那样有强制性，但它在无形中约束着每个公司员工的行为，调节着公司的人际关系。

比如，在绝大多数公司，人们都看不惯女士抽烟，这就是一种典型的“公司潜规则”。虽然在各种规章制度中没有一条规定女士不能抽烟，也没有一个人(包括各级领导人)公开站出来反对女士抽烟，相反，我国《宪法》明文规定男女平等，也就是说，在一个公司内只要男士能抽烟，那女士就一样有抽烟的权力。可是，如果你真正像男士一样在公开场合(在吸烟区)吞云吐雾的话，那你实际就是在挑战公司的潜规则！你在公开场合吞云吐雾，当然没有人会公开站出来指责你甚至没收你的烟卷，但是，慢慢地你的同事会把你当做“另类”看待，他们会渐渐拉开与你的距离。你在工作中不仅得不到他们的配合，甚至有时还会有人在暗中给你使绊，让你在职业发展的道路上付出许多无谓的代价！

因此，刚进入公司的新员工，必须了解和熟悉公司的各种潜规则，并尽可能地遵守，以免在处理各种人际关系时碰礁。不能否认，在一些公司的“风俗习惯”

中，它们确实包含了一些丑陋甚至封建的东西，但是，只要不违法违纪，作为一个职位不是很高的公司员工，就最好不要与它公开对抗。

第二节 有效沟通的基本原则

一．从心开始

在现代职场上，一个人永远不与人发生冲突是不可能的。对待冲突，有人喜欢妥协退让，不管自己的想法对不对，这种人没有原则性，很难在职业上获得成功；有人宁折不弯，结果总是与人斗，最后斗得两败俱伤；还有一种人懂得以退为进，让对方在一种温情脉脉的情绪中接受自己的建议，这是一种最聪明的做法，可以说是“不战而屈人之兵”。

职场上没有不能交流沟通的同事和客户，只有不正确的交流沟通方式。在进行交流沟通时，首先要创造一个平等互信，真诚开放的氛围，让对方在一个宽松的环境中对话。要做到这点，我们在听对方说话时，必须留意几个这样的陷阱：第一个常犯的毛病是自作聪明，以为自己早已了解对方的一切，因而缺乏好奇心，不去了解对方未被了解的一面，交流沟通点到即止；第二个是选择性地听，只听与自己想法相同的谈话，变成是一种单向交流沟通；第三个是缺乏耐性，最终没有好好听对方说全部内容。这样，双方的交流沟通，最后变成捉迷藏的游戏，你猜我，我猜你，失去了交流沟通本来的意义 。

其实，无论是过去、现在还是将来，职场生存的法则都很简单，只有四个字，那就是“交流沟通”。同事之间不难交流沟通，关键是你有没有诚意用心与人交流沟通。

二．相互理解

在这个强调个性的时代，我们大多数人都习惯以自我为中心，是地地道道的利己主义者。一些职场新人总觉得同事之间互相很难理解，这是为什么？这是因为我们老是有“自以为是”的毛病，不愿去认真地剖析和了解自己。当你与同事发生矛盾的时候，如果一开始你就采取“我有什么错？”这样的方式思维，不仅不能理解对方，而且也剥夺了自己的反省机会。所以，如果你真想了解为什么与同事产生矛盾，你首先就得改掉自己身上自以为是的毛病。

与同事交流，互相之间就像两面镜子，别人对你的态度，实际就像镜子一样，反映出你自己的行为。如果你真正了解了你自己的行为，就不难理解对方的态度。要别人接受你的逻辑很简单，先承认自己有缺点，而不是炫耀自己的优点。要别人接受你的方法也很简单，先体会别人的感受，而不是先保护自己的感受。自己的优点和缺点的界限并不在我们自己身上，而是在同事的心上。

作为同事，大家在一个办公室里，如果互相之间不能交流沟通，那又怎么配合协作呢？所以，尽管在职场上同事之间交流沟通不是件容易的事，但是，我们还得学会去交流沟通，这一点对于刚进入职场的新人来说尤为重要。

如果了解了自己，那么，了解你的同事就不是一件很困难的事。有很多人说职场上没有友谊，只有利害。其实，如果同事互相之间没有真正的理解，当然谈不上有什么持久的友谊。所以，特别是在新人刚进入公司的时候，闲聊时适当地说些自己个人之间的事，如家里有几个人，父母是做什么工作的……这对于其他同事了解你很有帮助。如果有了这种相互理解，就不容易发生误解，即使有了误解也容易消除，而不会积淀为隔阂。同事之间在这种逐步的相互了解过程中，开始理解和接受对方思考问题的方法和价值观，这样，不仅能大大减少猜疑和误解的出现，而且更容易形成工作中的默契，从而产生友谊。

当然，人都是有私心的，利己的，都有一些“隐私”，所以，在建立良好的人际关系时，一定要把握好度，否则，同样会被误解，从而加深隔阂。

因此，同事之间价值观念不同，也就是对一些具体问题的看法上出现分歧是正常的，我们应经常换位思考，从对方的角度看问题，理解对方。当然，如果你认为自己的看法是对的，就应努力说服对方接受。但是，只能以理服人，否则要损害相互的关系。

同事之间应该能相处得好，尽管有个人的小利益，但总体上都想为公司好而且公司的领导本身就有监督公司员工的职责，品质太差的人不会长期存在，但是利益和观念上的差异将永远存在，所以，不能幻想职场像游乐园一样永远让大家开心，但只要求大同存小异，彼此互让和体谅，职场完全可以像一个家庭一样和平。

三．态度认真

很多人以为，在沟通交流过程中，只有人们的语言在传递信息，其实，传递信息的要素有很多，除了说话的内容，还包括说话时的声音、音调和表情，它们都是沟通的要素，影响沟通的效果。

小程是北京某公司的市场策划。这天中午快十二点半了，小程还在赶做一个策划文案，因为客户下午三点就要用。可再不到食堂去打饭，食堂就要关门了。坐在小程对面的小雅这时已经吃过午饭了，她见小程忙得连吃饭的时间都没有，就主动提出帮小程到食堂去打饭。她问小程想吃点什么，小程头也没抬就回答“随便”。见小程用这种态度对待自己，小雅怨艾地把已经拿在手上的塑料饭盒一摔：“今天食堂不供应‘随便’，要吃你自己去买！”

这时小程抬起头莫名其妙地看着小雅，她不知道自己在什么地方得罪了这位好心的同事。她回答小雅说“随便”，只是不想让小雅感到太麻烦，有什么就买点什么；但是，她头也不抬就说“随便”，这在小雅看来就是小程对自己这份热心的冷漠，是一种漫不经心的态度，所以她生气了。

有些同事在与你交流时，他并不太在乎你说的是什么，而是在乎你对他的态度和反应。所以，当对方好心好意问你有什么要求时，如果你回答“随便”，那他就有可能把你回答的“随便”当做你对他的态度，这样，他的好心也就变成了“驴肝肺”。因此，在沟通过程中，你不能只顾表达自己的想法，还要认真注意自己说话时的语态、语速等，因为你不同的表达方式会给对方带来不同的感受。有许多职场新人在与同事交流之后，自己的意思不仅不被理解，有时反而被误会，于是常常怪别人“小心眼”，其实，这往往是你只顾表达自己的想法造成的。即使你说话没有恶意，完全是一片好心，你也一样要顾及对方听后的感受。

在与同事交流时，你的语言也在无意之间反映了你的情绪和情感。对于你无意或有意流露出来的情绪或情感，对方必然会作出相应的反应，这也就是说，你说的每句话，都在有意和无意之间调节着双方的关系，而这一点在职场表现得更为明显。人们常说职场人际关系复杂，而之所以复杂，在很大程度上，是由于你在与同事相互交流时，说话随便或不小心积累起来的。所以，公司新员工尽管大多学历不低，但在进入职场时仍有必要重新学习说话。

因此，当小雅问小程想吃点什么时，如果小程抬起头这么对小雅说：“食堂有什么，那就麻烦你帮我买点什么。”那小程就不会被小雅误解，从而会出现一个完全相反的结果。

四．多用正面赞美的语言

所有公司员工每天身处“钢筋水泥”丛林之中，从早到晚都在殚精竭虑地打拼，所以，他们在渴望得到别人的肯定和尊重的同时，也希望得到精神抚慰。职场新人为了更快地熟悉情况，积累工作经验，让上司和老同事给自己多创造一些机会，在合适的时间和地点说几句好听的话，作为精神礼品赠送给他们，他们自然会很高兴，这也是他们自我价值实现的一种方式。因此，在职场上多说些正面赞美的语言，比如：“今天你戴这条领带显得更帅”或“你这条裙子真漂亮”，是非常必要的。在现代职场上，有几个人会希望自己的同事成天对自己爱理不理，甚至冷嘲热讽呢？

多用正面赞美的语言，可能会被人说成是“拍马屁”，遭人非议。这一方面是被妒忌；另一方面则是“拍马屁”的水平问题。如果你给上司拍马屁，不注意时间和地点，拍到大腿上去了，那不仅会让同事看笑话，也会让上司不高兴。其实，尊重上司，百分之百地执行上司的指示，这是对的，同事们都能理解，同事们讨厌的多是你在大庭广众之下，不避嫌疑地给上司献殷勤。如果“马屁”拍得含蓄一点，说三道四的人就会少多了。

第三节　有效沟通的基本方法

一．说话留有余地

“逢人只说三分话。”公司员工在与初次相识的人打交道时，一定要牢记这条古训，这不是狡猾，而是一种谨慎。

一般人在沟通过程中习惯站在自己的立场上来理解对方所说的每一句话，由于汉语词汇丰富，人们的想法又比较复杂，所以，你说的同样一句话，在三个人听起来，可能就会听出三种不同的含义。比如你是总经理秘书，客户打电话请你约个时间与你的上司见面，你回答“我尽量争取”。在一些人听来，你实际上是答应了；在另一些人听来你这是在推辞；也可能有人会认为你实际上什么也没说。因此，公司员工说话一定要谨慎，尽量留有余地。说话留余地实际就是降低说错话的概率。所以，平时不必说的你就不说，不该说的你就不说。如果对象、地点或时间不合适，你就暂时不要说。逢人只说三分话，实际上是用来试试对方的反应，看此时此地是否合适沟通，如果合适，那就有什么说什么，如果不合适，那就再找适当的时机说。

二. 说话委婉

公司员工无论是与上司沟通，还是与同事沟通，一定要注意说话的方式，尽量委婉，因为每个人都有自尊心，都爱面子，如果你不注意说话的方式，就很容易伤到对方的自尊心。可以说，说话的方式与说话的内容一样影响沟通的效果。同样一件事，如果你说得委婉，那对方接受的可能性就比较大；如果你一开口就让对方感到不舒服，甚至会损害他的利益，那他就有可能与你针锋相对；如果对方产生了抗拒心理，那有效沟通就到此为止，你说得再多也没用了，所以，公司员工在沟通过程中说话委婉，不能看做撒谎，更不能看做是一种欺骗行为。

三. 看人说话

俗话说“交浅不言深”。作为公司员工，对于本公司的员工不认识的恐怕不多，因为彼此抬头不见低头见，但是，有些公司员工你并不一定熟悉，因为在工作中的交往并不多，交情也不深，更不知对方底细，因此，当你与这样的同事进行沟通时，如果你一开口就谈工作，直截了当地告诉他自己找他的目的是什么，那么，在对方缺乏心理准备或对你不是很了解的情况下，他不仅很难接受你的意见，而且很有可能产生强烈的抗拒心理。所以，当你准备做沟通时，你最好先寒暄几句，看看对方对你是什么态度，如果合适就进入正题，如果对方对你还有戒心，那你不妨先说些别的，表现自己的诚意，比如夸一下对方的裙子如何好看等。

随着彼此的了解，有了交情，之后说起话来就比较方便了，因为他再也不会轻易地怀疑你的动机了，即使你说错了，他也会认为你这是无心的，比较容易谅解你；你说漏了嘴，他也可能用一句“开玩笑的”掩饰双方的尴尬，不会与你计较。如果你与他的交情很浅，那他就会提高对你的警惕性，你一句无心的玩笑，也有可能引发严重的误会。公司员工一定要养成“见什么人说什么话”的习惯。这并不是让你去欺骗同事，而是为了更好地沟通。

四. 察言观色

正如每个人都有自己独特的个性一样，每一个人在与他人沟通时也都有自己的习惯。作为公司员工，如果你能了解自己上司和同事的这些沟通习惯，并根据他们的这些习惯来进行沟通的话，那你的沟通就能事半功倍。

当你准备与对方沟通时，你应先观察一下对方，看他是怎么想的，现在想不想与自己沟通。即使他还没有开口，你也可以通过他的神态或其他肢体语言来判断。如果通过察言观色，你知道了对方将用什么方式与自己交流，那你也差不多就了解了对方的真实意图。为人真诚，与人为善，只有这样，你才有可能让对方畅所欲言，把心里话掏给你。

一些职场新人为了追求效率，不管三七二十一，一见面就滔滔不绝，也不管对方情绪如何，想不想跟你交流。欲速则不达，这样的沟通不仅很难取得实际的效果，反而有可能增加沟通的难度，所以，沟通之前，最好先表现出自己的诚意，不让对方有什么压力或其他想法。只有这样，你才能让对方想说就说，从而达到沟通的目的。因此，作为公司员工要注意养成这样一种习惯，那就是不要见了面一开口就谈工作。你问候或闲聊两句，在这个过程中观察对方的气色，用自己的诚意表示对他的尊重，再顺着对方的心情确定用什么方式进行沟通。

反思：你在与周围的人的交往过程中，是不是喜欢“有话就说”这种沟通方式？你这种“直率”的沟通方式是否给他们带来过尴尬，甚至给他们造成过伤害？如果是，你该如何改变这种现状？

项目任务：委婉说话

1. 任务目标

通过本任务养成在职场上说话委婉的习惯。

2. 任务引入

玛丽是益智玩具(深圳)公司人力资源部的新人，这天一上班，她的上司对她说：“由于公司订单减少，老板要裁员。我们人力资源部的李大姐快50岁了，老板的意思是让她提前退休，你去跟她谈一下。”玛丽知道上司是碍于面子不好意思跟李大姐谈，所以让自己出面。那么，该怎样跟李大姐谈才不至于伤她的感情呢？

3. 任务要求

a．本任务可在教室里或模拟场地里进行。

b．任务应分组进行，可以4人一组，其中1人扮演玛丽，1人扮演上司，1人扮演李大姐，1人进行监督和评价。每个人都要轮流扮演玛丽。

c．每个同学最好都能按照任务内容设计演练的脚本(包括情节和台词)，并给本小组成员分派角色。

d．每个同学在演练过程中一定要严肃认真，言行符合规范。

e．在实际演练时，老师可以临场发挥，比如增设模拟角色和任务，或全体同学一起对某一小组的演练进行评论。

4. 任务实施

根据实际情况练习委婉说话的要点。

5. 任务评价

自我评价	同学互评	老师评价

读书笔记

第三章　与上司的关系

第一节　部下必须尊重上司

一．部下与上司唇齿相依

从学校到公司，我们应意识到自己人生角色已发生了180°的转变，我们是公司员工而不再是学生，处理大学里平等的同学关系与公司的上下级关系是不可同日而语的。

职场新人都应该明白自己与上司是被绑在一起的。如果你的上司工作出色，深受公司领导器重，那么，你们作为下属也可能“鸡犬升天”，与别的部门员工相比，你们不仅扬眉吐气，而且奖金也要多拿一些；相反，如果你的上司工作不得力，总是完不成任务，一开会就被公司领导点名批评，那么，不仅你的上司脸上无光，你们也一样要跟着受窝囊气，至于奖金那就更不用说了；反过来的道理也是一样的，如果你的业绩超群，经常被公司领导树为“标兵”，那么，你的上司也会因为“领导有方”而受公司领导赞赏，当然，如果你吊儿郎当，业绩糟糕，那么，在扣发你工资奖金的时候，你的上司也会遭鱼池之殃、唇亡齿寒，所以，你一定要与上司同心同德。与上司同心同德，就要争取机会与上司多交流，了解他对自己的工作有什么要求，对自己将来的工作有什么样的安排；这样，你不仅能尽职尽责地完成他交给自己的工作，而且能在工作中做到积极主动。如果你一开始就得到上司的支持和信任，那你的进步就会比一般的同事迅速。

一些新员工总喜欢把目光盯在上司身上的不足之处，这不仅没有任何实际意义，也会影响你的心态。不论你的上司身上有多少缺点，他都是凭借某方面的能力而坐在这个位置上的，因此，不管其他同事如何评价他，你都应该对他保持尊敬的态度，用积极的眼光去发现他身上的长处。俗话说，尺有所短，寸有所长。你的上司可能在某些方面不如你，但毕竟只是在“某些”方面而已，他的综合素质还是比你强的。所以，你应该多在上司身上找优点。在上司身上找优点的时候，将他的工作方式和思路与自己作比较，这样，你就能找到自己身上的差距。

现代职场像一场人生的舞会。音乐响起，不管它是探戈还是华尔兹，作为下属，你只能配合自己上司的舞步走。你的上司是“邀舞者”，而你只是一个“伴舞”。即使你已是“舞场高手”，你也得配合“邀舞者”的步伐与他形成默契。作为公司员工，你必须学会与上司“共舞”。

一般来说，上司只喜欢听话的“伴舞”。即使你是“舞林高手”，如果想甩开上司跳独舞都是非常愚蠢的。既然他是你的上司，你就要学会去适应他的舞步，而不能要求他反过来迁就你。

作为职场新人，重要的是能看懂“邀舞者”的手势。职场与舞场一样，有许多独特习惯动作和潜规则，你当然希望“邀舞者”的手势做得更“明白无误”，但更重要的是你要提高自己作为“伴舞”的领悟能力。

因此，如果你的上司在工作中出现失误，那你就不能是隔岸观火、幸灾乐祸，这会让他心寒。在这个时候，能承担责任就承担责任，不能承担责任就帮他分析原因，总结经验教训，多加劝慰。既然在一起工作，无论是上司还是下属，都要相互了解和支持，这是职场正常的人际交往，即使有人说闲话，也无须太在意。

二、了解上司的工作职责

你的上司作为部门基层管理人员，他的基本工作是什么？一是领导本部门员工完成本部门的工作任务；二是培养新人。每个公司都需要持续发展，必须补充新鲜血液，所以，作为基层管理人员，他们都有在部门内培养新人的责任。培养新人，自然要指导和监督下属的工作。因此，他们在工作中对下属进行监督，并不是他们个人的意思，而是一种组织行为。

在学生时代基本上是推行自我管理，使一些员工养成了一些自由散漫和不喜管束的习气。尽管毕业了，进入了职场，但他们并没有意识到自己人生角色的转变，让这种习气发挥惯性作用，所以使他们对上司的监督不舒服。

人的能力有大小，工作方式有差异，这一点谁也不能强求。有的上司可能不太注意工作的方式方法，有时难免工作方式简单一点，语言过火一点，但他们的本意也是恨铁不成钢，所以，作为新员工，多少要给予一些忍耐和理解。

由于对上司的监管不习惯，所以有些新员工总觉得自己的上司不仅水平很低，而且心眼很坏。在运营比较正常的公司里，一般不会出现这种情况，因为公司高层和人力资源部门也在监管这些基层管理人员。如果你的上司真是无才又无德，那公司的领导早就把他炒了。因为面对这么激烈的市场竞争，公司领导绝不会允许这种人占着管理层的位子。

人吃五谷杂粮，必有七情六欲，所有的基础管理者身上必然存在这样或那样的毛病。因此，作为新员工，首先是要客观看待自己的上司，一定要将他的个人品质和工作职责区别对待。

即使你有能力自由地选择公司，也无法选择自己的上司，因为在安排工作之前，你并不知道谁将是自己的上司。你的职业生涯是否顺利，在一定程度上取决于你与上司的关系，可以说，上司就是上帝的影子。

三．理解上司肩负的压力

一些新员工没事时总喜欢凑在一起聊天，而在聊天过程中，诅咒上司似乎是他们的保留节目，通过这种“诅咒”，他们心头的压抑感就会得到大大舒缓。其实，他们的上司，那些公司中低层管理人员又何尝不是如此。他们承受的压力更大，他们不仅对自己的职位担心，而且，与那些尚未成家的年轻部下们相比，他们上有老下有小，可能还有沉重的房贷车贷，更为严重的是他们的位置让他们很难找到发泄的出口，因此，也可以说他们是职场上的弱势群体。

他们有了压力不能回到家里向家人诉说，找朋友喝酒唱歌发牢骚的机会也越来越少，因此，实际上他们面临的压力越来越大。

你的上司作为基层管理人员，他的任务更重，也要面对来自他的上司、其他部门等方方面面的压力。对绝大多数上司而言，和普通员工一样，只是想把他自己的本职工作做好，情绪急躁一点，工作方法简单一点，但他并不一定就是想刁难谁，或者跟谁过不去。实际上，你的上司在这个职位上也并不总是称心如意。他可能很难与员工有真正地沟通，也不易获得朋友似的友谊，正所谓“高处不胜寒”。

为了提高效率，各企业的管理结构越来越趋于扁平化，因此，作为企业的中低层管理人员，他们的作用也正在发生变化。过去，他们主要是做决策和指导部下的工作，而现在更多的是要求他们提高业绩，成为身先士卒的一线指挥员。

权力相对减少了，一方面要指导部下；另一方面业绩要求的压力越来越大，因此，上司们的压力越来越大。而这种压力又找不着宣泄的出口，只能藏在心里。

也就是说，上司并不是一些部下看上去的那样神秘，他们实际上也希望能得到部下的帮助，分担他们肩上的压力，所以，作为部下也应尽可能地配合上司，助他们一臂之力。

作为公司的基层管理人员，你的上司一般与你的年龄相近，互相之间能找到共同的话题，能对你的工作言传身教，特别是由于他也是刚从普通员工的岗位上提拔起来的，能理解普通员工工作的艰辛和心里的苦衷。但是即便如此，你不要指望他对你有什么特别的关照，更不要在他面前撒娇，而且，你要习惯他在你面前摆老资格，不管你费了多少努力，向上汇报时，他一般都会要点手腕，把功劳转变成他自己的，所以，作为新员工，你抱怨也没用，只有立足现实，因势利导，做好自己的本职工作，这是上策。

其实，帮助上司就是帮助自己。如果上司压力小，他就心态好，对部下就会热情指导，否则，他们就会对部下的工作鸡蛋里面挑骨头、借题发挥，以泄胸中的怒火。

如果上司心情不错，即使部下工作出点差错，甚至对自己有些不敬，他也会宽宏大量，不仅不会计较，反而耐心热情指出你的不足。如果上司工作忙、压力又大，那你做的任何一件小事都可能成为他心头怒火爆炸的导火索……不仅他自己不讲理，连讲理的机会都不给你。

作为部下，你当然有权要求上司像学校的老师那样循循善诱地指导你工作，而你的上司确实负有指导新员工工作的职责。但是，如果你的上司工作压力太大，精神状况不好，你的希望就会落空。所以，从这个意义上来说，部下也有帮助上司的责任。因此，部下应经常与上司进行有效沟通。这是一个追求双赢的时代。

四．把上司当做职场领路人

作为一个公司员工，不论你能力多大、干劲多足，在职场上你都不可能单打独斗而取得成功。为了实现自己的宏伟目标，你必须得到同事们的帮助和支持，当然，来自上司的支持更是不可缺少的。

在职场上流行着“上司就是上帝的影子”这句话，在职场上打拼的公司员工对这一点多少应该有些体会，如果你跟上司走的不是一条路，即使是在同一条路上步调不一致，你都很难有多大的职业发展前途。

对于绝大多数上司来说，他们最讨厌的就是自己的部下自行其是，不给自己留一点面子。部下的工作做到哪一步了，完成得是好还是坏，他一点儿也不知道，还会信赖这样的部下吗？

即使部下的工作做得很好，上司一点儿也不知道，你在公司高层那里抢了头功，他会觉得很没面子。如果部下没做好，他就会这么推脱："这件事我从头到尾一点儿也不知道！"那责任只能由你一个人承担。

当然，多数上司境界很高，不会做这种落井下石的事，但是，如果尊重他，事情进展随时向他汇报，那结果不是会更好吗？所以，作为公司新员工，一定要学会配合上司，争取从他那里得到更多的指导和支持。

在平时，由于自己的能力和经验，没有必要事事都需要上司的指导和支持，但是，即使不需要建议，也没有必要反感上司的建议或指导。事情做好了，上司可能会说："还是因为有了我的建议，所以这个工作做得不错。"他的脸上有光了，自然会更加信赖部下。如果部下及时对上司说一句"多谢您的指导"，上司就会说："嗯，好好干！"那上下级的关系就会更加融洽。

其实，职场能力强的人往往表现在他们首先会做人，与包括上司在内的周围的人有着良好的人际关系，由于他们能充分地利用自己的人脉资源，借用他们的能力和经验，所以，他们的能力显得比一般人强。

实际上，在职场上不只你的上司有你可以利用的独特资源，只要你用心交往，就会发现自己周围的每一个同事都有他们独特的资源和社会关系，如张三跟客户的关系很好，李四玩计算机炉火纯青……因此，作为部下要充分了解自己上司的真实心理，利用上司的优势资源，共同努力向上。

当然，要利用好上司身上具有的资源，那就要找到与上司最恰当的沟通方式，最好做到互相支持，工作上相得益彰。

如果你能熟练地利用上司身上的资源，那你在职场上前进的步伐就会比一般人快。

五．珍惜提高"领导"能力的机会

过去在国有企业，人们都喜欢论资排辈，一个普通的职员要当上部门经理，要像爬楼梯一样一步步往上爬。随着企业的扁平化，一些员工一夜之间由普通职员变为部门经理的事并不稀奇了。

当然，要能做到这种职业发展的腾飞，要有实力或业绩为前提，对于公司员工来说，这当然是件好事，估计绝大多数公司员工都有这种梦想。但是，随着企业的扁平化，效率的要求越来越高，基层管理人员对部下的工作进行指导的时间越来越少，当你被提拔后，由于缺乏被指导的体验，所以，要求你指导自己的部下也是一件很困难的事。

但是，既然被提拔为经理，那就必然要求你在有一定经营能力的同时，还要有指导部下工作的能力。那么，怎样才能提高自己作为一个部门经理应具备的经营能力和指导能力呢？

对于普通的员工来说，有本最实用的"教材"，这本"教材"就是他的上司。因此，当你的经理在指导你工作的时候，实际上也是在给你做示范，提高你经营和指导部下的能力。当然，如果上司安排你辅导新员工的工作，那也是你锻炼自己指导能力的一个好机会。

在一般人看来，"指导工作"是指上司对部下的工作进行指导。其实，如果你把上司当做积累经营能力和指导能力的教材，那么"指导工作"不单是上司的事情，也是部下的事情，因为当你自己成为上司的时候，这种被指导的体验就是你的"经验"。

虚心接受上司工作上的指导，对你的指导能力、沟通能力等本身也是一种提高。比如，你过去一见到那些位高权重的客人就有些紧张，当上司告诉你接待这类客人的诀窍后，你就能熟练地接待这类客人了，这就说明你相应的能力得到了提高。

从目前的趋势来看，企业越来越看重员工的综合能力。比如，过去，如果你是公司里的销售冠军，就有可能提拔你做销售部经理。但由于你只会推销，没有管理团队特别是指导别人工作的经验，销售部的业绩不仅没上去，反而因你缺乏管理能力业绩变糟了。所以，要想在职业上有所作为，就应该珍惜一切机会，预先提高自己"指导工作"的能力。

第二节 与上司和谐相处的基本方法

一．不给上司贴“废物”标签

只要你在职场工作，不管你在什么样的公司，从事什么样的职务，要想快速成长，不仅需要上司的指导，而且还需要巧妙地利用上司的其他各种资源。

第一，能巧妙利用上司资源的人，一般都能得到上司的信赖。上司的信赖表现为：“这小伙子有能力，挺优秀的，是棵好苗子，好好培养，将来会很有出息。”能得到上司这样的信赖，就给自己的进步搭建了一个平台。

第二，得到上司信赖的部下也应信赖上司。在工作中，由于看问题的角度不一样，所以与上司的想法有些不一样是很正常的。但是，即使你们的想法不一样，也不要在心里骂上司“什么也不懂”，给上司贴上各种负面标签。看问题的方法不一样，可以通过沟通来解决，重要的是要信赖自己的上司，从而保持相互信赖的关。

人都是有潜能的，就像埋藏在地下的钻石一样只要你打磨加工得当，它就会熠熠发光的。这个打磨的过程，就是上下级和谐相处的意义所在。

我们应有三个基本理念。

(1) 人的潜能是无限的。

(2) 每个人作为主体都有开发自我潜能，实现自我的可能性。

(3) 每个人都有多种能力，但最好发挥自己最独特的能力，这样价值才能最大化。

人无论到了多大年纪都具备学习能力，还能继续成长，提高自己的经营力量。如果你抱着这种态度，那你就会信赖自己的上司，与上司建立互信。因此，不要一看到上司身上一点不如你意的东西，就马上给他贴上“废物”的标签，而应把他当做一颗还需要双方继续打磨加工的钻石，这是建立双方互信的第一步。所以，被上司信赖的部下也应信赖上司。

二．对上司保持敬意

在一些人的观念中，总把配合上司工作与“拍马屁”、“阿谀奉承”这些词联系在一起，这是非常错误的。

所谓“拍马屁”、“阿谀奉承”之类的，并没有对上司保持敬意，想与上司建立起互信关系，其本意只是想利用上司缺乏能力，随意操控上司。在现实中经常可以看到这样的现象，一些人当着上司的面说上司如何如何有能力，可一转身就对另外的人说自己的上司如何无能、如何窝囊等。他们这样做的目的不是为了部门或团队的利益，纯粹是为了给自己捞好处。

职场上的每一个人都既有优点又有缺点。如果对上司的优点视而不见，对上司丰富的职场历练也缺乏敬意，而只是在口头上尊敬上司是不可能从上司那里学到什么东西的。

在职场上，相互之间都应保持敬意，不管对方是你的上司还是你的下属。有些上司喜欢说“我吃的盐比你吃的饭还多”，这虽然是摆老资格的表现，但也是有一定的事实依据的，所以，在他们面前应当保持谦虚，老老实实向他们请教。

对上司的职场历练保持敬意，尊重上司的经验，如果你真心实意地想向上司学习，那对他的敬意就会自然而然地从你心里涌现出来。

看到上司身上不如意的东西就给他贴上“废物”之类的标签，应该说当时的确能产生一种快感，补偿自己的心理平衡，但这对你的工作和职业发展没有任何好处。一个老是戴有色眼镜看上司的人，实际上是在浪费可利用的资源，限制自己的成长。三人行，必有我师。一个想在职业发展道路上快步前进的人，是会与上司和谐相处的。

在与自己有不同人生阅历的人身上，肯定有值得你学习的地方。如果你打算向他学习，那你自然会从心里尊敬他。你再重新审视一下自己的上司吧，在他的身上肯定有许多你不具备的优点和长处。如果你发现了这些优点和长处，你就自然会知道如何与他相处了。只是在口头上尊敬上司不可能从上司那里学到东西的。

三. 充分利用上司所具有的资源

充分利用上司所具备的资源，是部下接受上司指导最基本的事。如果是单纯的“教练”，那只是从外到内，而“配合”则是从心到外，充分利用了内在的资源。

不管什么样的上司，他们身上总会有优点，而这些优点就是部下可充分利用的资源，比如，有的上司工作经验丰富，解决问题能力强；有的人脉资源丰富，能一呼百应；有的善于营造气氛，对部下感染力强……部下配合上司的指导，就是充分利用上司的这些优势，加以学习，运用到自己的工作中，从而提高自己的工作效率和质量。这样，不仅自己进步了，整个部门和团队的工作效率也提高了，而人们对你的评价也会随之提高，进入一个良性循环。

充分利用上司所具备的资源，并不是要去改造上司，如教会上司什么或给予上司什么，那样是很困难的，因而往往是徒劳的。作为部下应做的是充分利用上司已具有的能力、天资、经验等东西，从上司那里汲取能量，提高自己的能力和业绩，以便自己快速成长。

所谓业绩，有各种各样的东西，比如，你是推销员，销售额的增长，如果你是搞研发的工程师，研发进度大大加快等。对于个人来说，加薪晋级，或做自己想做的工作，也是一种成果。

但是，在现代职场上，任何公司员工个人取得的“成果”并不是真正一个人的“发明”，它是一个部门或团队共同努力的成果，只不过是他个人有些特殊贡献。而这种特殊贡献，就是他充分发挥了上司的资源或制造了一种发挥团队每个人资源的气氛。

配合上司经常被误解为“改造上司”，其实，只是个人或团队为了提高工作效率，加强了与上司的沟通。

部下与上司的配合，不是一方赢而另一方输，或者一方选择自己牺牲的利益。部下与上司之间是WIN－WIN关系，即双赢，个人与团队也应成为WIN－WIN，所以，相互配合，加强沟通非常重要。（注：WIN就是赢或胜利。WIN－WIN关系就是双赢。一般的比赛都是WIN－LOSE关系。）

四．不要责备上司

你真心诚意请上司指导，可上司不是说“这事有点儿麻烦，你自己去琢磨吧”，就是说“这事我也没想好，现在帮不了你”。遇到这种情况，就不要一而再再而三地请求了，让上司第二次说“不”，那对双方都是很尴尬的事。所以，作为部下，也应有一定的胸怀，能容纳上司对你说的“不”。

上司拒绝指导部下自然有他的理由，但上司对部下说“不”，一般只是对“事”不对“人”，也就是说，他只是拒绝在这“事”上帮你，并不是对你这个“人”有什么特别的负面的看法，所以，听到上司对你说“不”之后，不要马上横眉冷对，在心里批评上司，不是给他贴上“一点儿也不关心部下的工作”的标签，就是给他贴上“太厉害”的标签。

当然，上司拒绝指导部下也是偶尔为之，所以，部下也应当具备一定的度量来容纳上司的拒绝。

第三节 构筑与上司的信赖关系

一．认真地聆听

聆听就是“不否定对方，一直听到最后”。这句话说起来很容易，但做起来很不容易，这种功夫不是一朝一夕能修炼成的。

在交流的过程中，“说话能力”也是一种重要的能力。自己说话的时候，都是希望按照自己的方式来表达，不希望别人随便打断自己。同样的道理，对方在说话时，你也不得随意插话，打断人家说话，而应配合对方的节奏与步调。由于职务与年龄上的差异，上司说话的意思肯定与你的想法有所不同，因此，你一定要压制住你心中那个小小的“自我”，保持一个能容纳四方的宽大心胸。

如果你在与上司沟通时，总是能保持一种聆听的姿态，说不定也能改变上司，在你说话时他不再利用他职务上的优势，随意打断你的说话，而是一直听完再发表自己的看法。认真聆听对方说话，不要随意插话打断对方说话，并不是意味着你只能默默无语、面无表情，甚至显得很紧张的样子。对于公司员工来说，“听力”是一种重要的能力。

二．发自内心的赞赏

上司也需要表扬。要部下表扬上司，有些人可能会觉得不可思议，认为这是赤裸裸的阿谀奉承。其实不是一回事。而且，还有人认为“及时承认”就是“口头表扬”。比如，你对同事说“你这条领带真漂亮”或“张三那小伙子真不错！”这都是有表扬的意思。像这样的赞美，如果你是出自内心，对方肯定会领情，但如果是客套或言不由衷，那人家就有可能把你的话当做阿谀奉承。

部下表扬上司的时候，一定要注意方法，最好在称赞之后加上感谢的意思，这样就容易引起上司的共鸣。比如，你按照上司的指示把写好的报告送给他的时候说：“多亏了经理您的及时提醒，让我在起草时少走了很多弯路，真是太谢谢了！”在表达赞扬和感谢的时候，脸上的表情要和语言配合，这样才会有真正的效果。也就是说，你不仅是在用语言表扬上司，而且是整个态度和表情，即发自内心的表扬。

在听上司说话的时候，不能只单纯带着耳朵在听，你要让上司知道你正在用全身心倾听。你不时地用目光和点头的方式表示赞同上司的观点，这样，双方就能达到共鸣，进行心与心的交流。因此，你的目光和点头应跟上司说话的呼吸、速度和节奏等保持同一个频率。比如，上司说着说着，突然用低沉的声音对你说："臭小子，你如果不好好给我干，看我到时候怎么收拾你！"他这么说并不是对你真正有什么恶意，相反，这是表示他真正信赖你了，与你没有多少心理距离了。这时，如果你像一个军人一样大声回答"我保证不让您失望"！那就有可能大煞风景，这时你应该跟上司一样用低沉的声音回答他："领导，您就放心好了，这件事交给我办没错！"这样上司的共鸣感会更强了。

每个人说话的时候都有他习惯的音色、音量、速度和语气等，如果部下在与上司沟通时能巧妙地配合上司的这些习惯的话，那就更容易产生共鸣。在配合上司说话习惯的同时给予"表扬"和"感谢"。

三．齐心协力

如果说"部下要好好地利用上司"，可能会因"利用"两个字引起误解，因为"利用"似乎是个贬义词，含有"阴谋与邪恶"的意思。其实，"利用"更多的时候是个中性词。每个上司都有他一定长处和优点，部下发挥上司的这些长处和优点来做好自己的工作，这就是"利用上司"，何错之有？

比如，你第一次去拜访一个重要的客户，心里有些紧张，于是，向经验丰富的上司请教，如何给客户良好的第一印象、如何把握谈判的节奏，如何在价格上既给优惠又不突破自己的底线……这就是利用上司的经验和智慧。

"利用上司"的时候一定要注意与上司沟通的方式，让上司明确地知道你有求于他："领导，这件事您不帮我，我很难做好。您得给我指条路！"

那些与上司配合不好的人，多半是在与上司沟通过程中出了问题，所以，他们最后只好发牢骚："领导什么都不做！"以发泄心中的不满。

当然，有些部下不愿意让上司知道自己工作中出现了难题，以为那样会显得自己无能。部下与上司相比，能力肯定有差距，所以没有必要回避。从另一个方面来说，上司也有责任指导部下的工作。所以，没必要客气，应鼓起勇气去请上司帮忙。通过上司提供的帮助，你出色地完成了工作，整个团队的工作因此而更加出色，作为上司，他高兴还来不及呢。

部下要利用好上司的资源，就要事先清楚上司身上有哪些优势和长处。根据上司的特点，及时向上司提出请求，并把这种请求清楚地表达出来，这样就能做到上下级共同齐心协力把工作做好。所以，与其说上司“什么都不做”还不如老老实实请上司帮忙。

反思：从小学开始，你是不是一直喜欢与你的老师交流？如果有过你不喜欢的老师，你为什么不喜欢他(她)?

项目任务：向上司表达敬意和感谢

1. 任务目标

通过本任务掌握向上司表达敬意和感谢的要点。

2. 任务引入

李军是大成机械(成都)公司销售部的新员工，有个用户他久攻不下，于是，他只好向他的上司求援。上司听取了他的情况汇报后，向他面授权宜。李军按照上司的指点，很快就与那个用户签订了合同。他在带着合同回公司的路上，一直在思考着用什么方式表达对上司的敬意和感谢。

3. 任务要求

a. 本任务可在教室里或模拟场地里进行。

b. 任务应分组进行，可以1人一组，其中1人扮演李军，1人扮演上司，1人进行监督和评价。每个人都要轮流扮演李军。

c．每个同学最好都能按照任务内容设计演练的脚本(包括情节和台词)，并给本小组成员分派角色。

d．每个同学在演练过程中一定要严肃认真，言行符合规范。

e．在实际演练时，老师可以临场发挥，比如增设模拟角色和任务，或全体同学一起对某一小组的演练进行评论。

4. 任务实施

根据实际情况练习向上司表达敬意和感谢的要点。

5. 任务评价

自我评价	同学互评	老师评价

读书笔记

第四章　与同事和客户的关系

第一节 与同事的关系

一．注意保持关系的平衡

人们喜欢把职场的人际关系比作是“关系网”，这是很形象很贴切的。所谓“网”就是它有纵向的“经”和横向的“纬”，缺了经或纬都不行。在公司的这张人际关系的“网”上，“经”就是纵向的上下级关系，“纬”就是横向的同事之间的关系，每个员工就是那一个个纵横交错的“结”。新员工大多都明白“上司就是上帝的影子”这个道理，所以，注意搞好与上司的关系。但是，如果你整天只盯着上司，只注意工作中上下级关系，忽略了与同事搞好关系的话，那你的人际关系网就会失去平衡，顾此失彼。如果你与同事搞不好关系，那你在工作中就很难得到他们的配合和支持。

二．同事也是一种宝贵的资源

现代职场是由三教九流的人构成的，所以，在一个公司里，肯定有些人能力低一些，职务也低一些；有的人可能不大方，比较小气，有些甚至爱占公司或同事的小便宜；有的人心胸可能没你那么豁达，爱记仇，你一旦出点差错，他马上去向领导汇报，打你的“小报告”；有的人为了能往上爬得快一点，经常当面奉承领导……总之，他们身上可能还有这样或那样让你讨厌的缺点和毛病，但同样在做着自己的本职工作，所以，尽管你有一千个理由不喜欢他们，但他们和我们一样有自己的尊严。

其实，真正摘下自己的“有色眼镜”，用一种平和的心态去观察你周围的同事，你就会发现他们也有自己鲜明的个性，如小气的小王计算机玩得特别好，名副其实的“大侠”级水平；“美少女”唱民族歌曲是一绝；而平时油嘴滑舌的小张，骨子里却是一个很有爱心的人……

作为白领，要想取得成功，你必须学会利用公司的资源，而在各种资源中，人力资源是你最宝贵的资源。你只有真诚而又礼貌对待公司里的每一个人，才会有良好的人际关系，才有人愿意与你分享自己的经验和社会关系，要记住，关系其实也是生产力。你可以有很多东西开始时不会，但那不是失败，但如果你身边有人会，而你却找不到，或是找到了却没人愿意帮助你，那才是你的失败。职场奋斗就像一场开卷考试，你想要找的资料总是有的，关键的问题是你能否找得到。

不管你愿不愿意，事实上，公司里的每一个同事都是你的人际资产。如果你不能让这笔资产成为正数，至少也不能让它成为你的“负资产”。当然，有些人要成为你的“正资产”，可能成本太高，得不偿失，但是，你千万不能让他们成为你的“负资产”。如果是“负资产”，那么，他们对你来说，是成事不足，败事有余，无形之中加大了你成长的成本。相反，你看那些成功的白领，他们往往有很深厚的人际资源，他们大多是互相扶持而达到成功的，他们的格言是：你搀了我一下，我也会扶你一把。

所以，无论是对公司的最高上司，还是与送文件、做清洁的人打交道，都要注意自己的一言一行，和善地对待每一个人。公司里每一个人都可能对你的工作和前途产生影响。更重要的是，如果你真心对每一个人好，会大大调和你的工作氛围。

俗话说，“人不可貌相，海水不可斗量”。人总是“三十年河东，三十年河西”。善待你所厌恶的人，说不定哪天你还得为他打工。

如果你一定要带着“有色眼镜”看人，那么，公司上下，也没有几个不是“小人”的。公司在成长，业务在发展，在这样一个运转正常的公司里，如果都是“小人”，也就说明这些“小人”都有一定的素质和能力。

三．严于律己，宽以待人

西方有句谚语，叫做“仆人眼中无伟人”。意思是人相处久了，就自然会看到对方的缺点和毛病。同事们朝夕相处，而大家又不是圣人，所以，发现同事身上有缺点和毛病是很自然的事。

一般来说，同事们身上的缺点和毛病多属习惯或教养方面的问题，很少是品质上的问题，比如，小李喜欢在办公室大呼小叫，说话旁若无人；小单开玩笑总是没有分寸，喜欢拿同事的忌讳开玩笑；小周做事马虎，总是拖拖拉拉……尽管这些缺点和毛病让人讨厌，但它们毕竟没有直接损害公司的利益，更不会对你的发展构成威胁，因此，你要学会包容这些，对它们不要太较真。古人常说“有容乃大，无欲则刚”，这里的“容”就是指一个人的胸怀，只有胸怀宽广的人才能成大器，而胸怀宽广的人一个最大的特征就是有度量，会宽容。如果你能宽容同事们身上的缺点和毛病，那你的工作就会变得非常轻松，你的人际关系就会变得非常和谐。

一些新员工总是对老同事抱很高的期望，所以一旦发现他们身上有缺点和毛病，就觉得难以接受。这种看问题的方法，实际上是受学生时代那种世界非黑即白观念的影响。那时他们对人要么是大爱，要么是大恨。如果心里喜欢，便觉得对方十全十美、无懈可击；如果心里讨厌，便觉得对方缺点多如牛毛，一无是处。新员工与老同事之间的矛盾，很多就是由这种原因造成的，因此，新员工都要学会接受这种期待与现实之间的落差。

宽容，在职场上做一个谦逊的人——就是做一个对同事宽宏大量的人，即便你同事的身上有这样或那样的缺点和毛病，毕竟这些缺点和毛病，并不能对公司和你构成危险。如果每一个人都善于体谅和宽容的话，那么，你的工作就会轻松得多。然而，许多矛盾之所以发生，都是由于一些人只对同事要求严格，而对自己则不然，即所谓严以待人，宽以律己。正因为这样，在职场中才发生了人与人之间的争吵和冲突。

许多人把达尔文“优胜劣汰”的生物进化论应用到自己的办公室，其实不然，生物进化与社会进化是有本质区别的，因为同事之间无论谁胜谁败，大家今后还是要在一起工作，所以，一定要让自己拥有一颗宽容的心，让心绪变得平和，使自己能理解别人，这样无论成败你都是英雄。

四．珍惜职场友情

其实，在这个社会里，每个人都渴望得到朋友之间的真情。每天身处“钢筋水泥”丛林之中，你更渴望与每天朝夕相处的同事有一份友谊。

同事之间需要友谊，它不仅可以温暖孤独的心灵，还像你背后的一双眼睛，帮你看到自己身上看不见的缺点。新员工知识和经验都不足，工作中常常会出错，需要同事们的提醒和帮助。如果你与同事们缺乏真挚的友谊，那他们就会为了礼貌，或者觉得事不关己而不愿提醒你，与你只有泛泛之交的人，更不会愿意做你背后的眼睛。

同事之间很少有真正的友谊，是什么原因造成的？是因为同事之间存在着竞争，还是因为大家过于追求效率而无暇顾及友谊？这些都不是最根本的原因，最根本的原因是大多数人没有用真心来追求这份感情。

同事之间是完全可以保持真正的友谊的。新员工刚来公司时，总会有一些年纪较大的同事问你有没有男朋友或女朋友，他们并不一定想窥探你的隐私，主要是想通过这种闲聊增加对你的了解。同事之间有了这种相互了解，就不容易发生误会，即使有了误会也容易消除，不会积淀为隔阂。同事在这种逐步相互了解的过程中，开始理解和接受对方思考问题的方式和价值观，这样，不仅能大大减少猜疑和误解，而且容易在工作中形成默契，产生友谊。

新员工在与同事交往的过程中，要注意做到公事是公事，私交是私交，公私分明，作为同事谈工作的时候，公事公办，而作为朋友谈交情的时候，互谅互让，互帮互助。总之，首先要分清公与私，然后采用对应的交流方式。当然，新员工要划分出公私的楚河汉界不是一件很容易的事。但是，你越希望与同事的友谊牢固，那你就越要小心注意这种公私之间的界线。由于双方往往具备了同事与朋友的双重身份，所以，两人在交流时需要格外注意交流的方式，当一方不小心“脱轨”时，另一方应及时提醒：现在是工作的时候，不谈交情。当你与同事谈工作时，你的目的往往只是想把事情做好，在这个时候，你甚至不希望对方是自己的朋友，因为一旦夹杂着情感因素，事情反而会变得更加复杂难办。因此，新员工应明白在工作中再好的朋友也首先是同事。

要保持与同事之间的友谊，就要先学习做同事的朋友。新员工刚从学校出来，有些人身上还残存着“天之骄子”的优越感，习惯以自我为中心，在与同事交往过程中，他们总是习惯要求对方配合自己，如果同事不愿配合自己，就大发“知音难觅”的慨叹。友谊不会自动从天上掉下来，它需要双方用真诚和智慧来培育。

五．用尊敬交换尊敬

办公室的同事相处一段时间之后，总会因为这样或那样的原因出现一些摩擦，这些摩擦并不是根本性的利害冲突，无非是由一些鸡毛蒜皮的小事引起的。在这种情况下，新员工应迈出第一步，主动与对方和解。一般来说，老员工自尊心比较强，无理也要占三分；如果你请对方“大人不计小人过”，那你们的关系就有可能和好如初，对方该帮你的时候还会帮助你。用尊敬交换尊敬，这是维持良好人际关系的一条不二法则。

六．学会谦让

谦让是每个公司员工最需要的美德，因为她是你在职场竞争中的一大护身法宝。

现代企业之间的竞争，不再是个人之间的单打独斗，而是进入了团队竞争的时代。企业在竞争中必须取胜，取得最大的效益，也就是说，你所在的企业，首要任务是把饼做大，其次才是内部如何分饼的问题。新人进入企业后，就会赋予一定的角色。一旦导演角色选定，一场大戏正式开始，角色之间就要讲最起码的职业道德精神，不能将台后的恩怨带到台前。顾全大局，识轻重，这就是现代的团队精神。

为了取得最大效益，在一些特殊情况下企业领导人往往需要综合平衡，或采取“舍车保帅”的策略。在这种情况下，在取舍两难的时候，领导人往往会让新员工作出一些牺牲；在这种情况下，就需要你有谦逊的美德。这就像一场比赛，需要队员之间的相互配合，在必要的时候，牺牲自己的利益。当然，在平时的工作中，也不一定要付出巨大的代价，只是自我克制一些。相反，如果你不谦让，那将来就再也没有人配合你了，你就成了孤家寡人。所以，新人加入企业，一定要保持谦逊的美德，学会尽快融入集体，并在其中找到自己的角色和职责。想要被自己所在团队所接纳，就得接受和认同他们的价值观念。

的确，要一个人不去争，不去计较，甚至去欣赏同事的成功，满足上司的要求，不是件容易的事。尤其是对刚进入职场的新人来说，在缺乏足够的磨炼下，难免会对自己辛辛苦苦的付出斤斤计较，希望马上获得等价的回报。要求获得回报没错，但是如果过分注重金钱物质利益之争，对你来说，也是件不明智的事。原因有两个：①如果你喋喋不休地向上司提薪水和奖金问题，总会超出他的心理承受能力。如果是这样，他会在感情上觉得压抑和烦躁，从而对你产生反感。②如果你的利益是争来的，上司虽然满足了你的要求，嘴上也没说什么，但他会认为你太现实，不够尊重他，从而在他心里留下一个不好的印象。

因此，最好的办法是让上司主动地给予，而不是不择手段地去“争”。就算勉强争到手了，对你也没什么好处，只会在上司那里留下一个坏印象，得不偿失。

由于你的谦让，让团队获得了成功，上司心里肯定有数，同事对你也更加钦佩，因此，你的个人形象得到了提升，你的个人品牌价值也大大提高，这也就意味着你将来会比别人有更多的机会，所以，严格地讲，你的谦逊并不是真正意义上的“牺牲”，而只是一种隐性投资。因为这种投资是可以回收的，而且比一般投资的回报率要高得多。

第二节　与客户的关系

一．热情又有礼貌

不管在公司从事什么工作，都会需要与客户打交道。在与客户交往时，即使你是个新员工，你也是代表你所在的公司。因此，如果是在接待第一次来访的客人时，你一定要热情周到，因为对方把你看成是公司的代表，你的态度反映了你的上司的态度。

随着交往的增加，你可能会与客户产生友谊。即便如此，当对方来公司洽谈工作时，你仍不能太随便，一定要注意礼节，因为对方毕竟是代表他所在的公司来谈工作的。

二．礼尚往来

1. 在受到宴请的时候

如果对方是在工作以外的时间宴请你，那你可以根据实际情况来决定是否接受宴请。如果你接受宴请的话，在赴宴之前一定要向上司汇报。在宴请之后一定要向对方表示感谢。

2. 在接受礼物的时候

作为员工要尽可能地婉拒对方赠送的礼物："您的心意我领了，但这么贵重的礼物我不能接受。"如果对方非常有诚意，你非收下不可的话，那你事后一定要向上司汇报，但最好不要与同事谈论这些事。

三．扩展人脉

俗话说"山不转水转"，意思是做人要多交朋友，广结善缘，这样一旦有什么事，你就可以随时随地找朋友帮忙，而且，在交友过程中，你不但可以增长见识，而且能够拜师学艺。新员工进入职场后必须建立起自己的人脉关系。要建立起自己的人脉关系，你就要扩大自己的交友范围。广泛的人脉关系，既可以为自己的业务带来便利和机会，又是你信用的证明。

反思：你是怎样看待同学之间的友情的？你与同学们能和睦相处吗？如果不是，你将如何改变这种现状？

项目任务：接待客户

1. 任务目标

通过本任务掌握接待客户的要点。

2. 任务引入

李军是万福电子(广州)公司销售部的新员工，这天一上班，客户刘杰就来电话说他今天正好要到万福公司附近办事，顺便来万福谈谈下个季度的订货问题。刘杰不仅是李军参加工作后的第一个客户，而且两人年纪相同，所学专业相近，所以两人的私交很深。今天是刘杰第一次来电话，放下电话后李军就在考虑如何接待这个客人。

3. 任务要求

a. 本任务可在教室里或模拟场地里进行。

b. 任务应分组进行，可以4人一组，其中1人扮演李军，1人扮演上司，1人扮演刘杰，1人进行监督和评价。每个人都要轮流扮演李军。

c. 每个同学最好都能按照任务内容设计演练的脚本(包括情节和台词)，并给本小组成员分派角色。

d. 每个同学在演练过程中一定要严肃认真，言行符合规范。

e. 在实际演练时，老师可以临场发挥，比如增设模拟角色和任务，或全体同学一起对某一小组的演练进行评论。

4. 任务实施

根据实际情况练习接待客人的要点。

5. 任务评价

自我评价	同学互评	老师评价

第五章　拓展职场人脉的五大步骤

人脉是指经由人际关系而形成的人际脉络，所以，人脉的实质是一种让彼此形成合则两利的共同体。而拓展人脉则是有意志和能力的人为了获得提拔，获得能够最大限度发挥自己能力的机会而实施的活动。需要注意的是，这里的“提拔”是指有意志和能力的人获得了能够最大限度发挥自己能力的机会，这种机会并非是让你继续从事当前的工作，而是让你挑战新事物、获得新经验的机会。

在当今商业环境瞬息万变的时代，公司员工如何提升个人的市场价值？关键就在于创造获得提拔的机会。

获得被提拔机会的人，有机会挑战自身从未涉足的领域，并在这个过程中不断做出业绩，一步一步成长壮大，就像运动员去参加比赛，然后取得优异的比赛成绩。参加比赛前的艰苦训练固然很重要，但是你的目标是去参加比赛并获得胜利，所以首先必须要获得参加比赛的机会。如果连参加比赛的机会都没有，又谈何获胜呢？而且，这次的比赛结果又与下次比赛的机会息息相关。

在工作中，被提拔的人获得了做出成绩的机会，就更容易得到下一个大显身手的机会，因为一次成功的经历会给你带来更多的挑战机遇。并且，如果一个人能够实现被提拔的良性循环，那么发挥才能的机会就会源源不断地降临到他的头上。这样一来，被提拔的人和未被提拔的人即使一开始能力不相上下，他们之间也会因为机会不同而出现业绩上的巨大差别。

第一节　树立个人的品牌

一．扩展人脉与增加博客访问量相似

人脉即财脉，所以，公司员工越来越重视在职场上拓展自己的人脉。拓展人脉的过程，实际上与开通博客并成为人气博主的过程是相似的。在撰写博客的时候，要设定一个独一无二的主题，再逐渐充实内容。然后，寻找其他几个能与自己的内容产生协同效应的、有吸引力的博客，对它们进行访问，并通过相互发表评论或引用通告(Track Back)，相互切磋交流，进而共同研究同一个计划或主题。

在这个过程中，博客的访问量逐渐上升，进而会形成一种品牌效应——刚开始得到的评价是“这个博客的内容非常好”，到后来人们就会对你产生兴趣：“这个人对最近发生的事是怎么评价的呢？”

接着就要下工夫让自己的信息源源不断地流传出去，例如去访问比自己的博客访问量更多的著名博主的博客，或者向对方提出合作的请求等。如果能让著名博主记住自己的名字，那么你的博客就会在各种各样的博客中被引用，那巨大的机会就会降临。

在这一系列过程中，首先应该做的就是“设定一个独一无二的主题”。这样做的目的就是让别人了解自己是什么人。

这种设定独特主题的做法也就是树立个人的品牌，让别人能想起自己的关键词就是“品牌”。这个“品牌”必须有一个宣传自己的关键词，这个宣传词也可以说是一种“标签”，比如，说到某某工作，人家就会想起你。

要拓展能获得提拔的人脉，首先就要创造出能让别人认识自己的鲜明记号。从这个意义上来讲，能够把这种“自己是什么人”的宣传要点，通俗易懂地表示出来的标签就变得很重要。如果这个标签过于抽象，对方就会觉得找不到契合点。这样你就有可能被人忽略。

因此，必须要有一个记号来说明“我是这样的人”，这个记号应该是一个具体的关键词，最起码要达到与“脑内检索”相契合的水平。

二．给自己贴上标签

在现代职场上，每个公司员工都应该给自己贴上标签。如今公司员工所属公司的名称以及头衔的价值已经相对下降，把“名片”用做标签是不够的。有人经常在做自我介绍的时候只是说“我是某某公司的某某”，其他不做任何补充说明。这种类型的人让人感到他的言外之意是：“某某公司这么有名，能进入这样的公司非常不容易，所以，这证明我很优秀。”但在现代职场上，光靠这一点是远远不够的。别人很有可能会这样继续问你：“然后呢？”或者“嗯，你们公司是了不起，但是你在公司是做什么的？”

这种人脱下公司漂亮的外衣，就没有任何个人的东西。这种人在其人脉团体中没有多大价值。处于这种状态的人虽然依靠公司的品牌能获得尊重，但他个人有可能被其他持有同样招牌的人所代替。

也许有人会问：“我在公司获得现在的职位是经过艰苦努力得来的，为什么得不到认可呢？”其实，重要的不是职位本身，而是你能在这个职位上表现出怎样的才能，做出怎样的业绩。如果离开了公司的招牌就做不出相同的业绩，那你的业绩不是凭借你个人的实力，而是靠公司的实力实现的。

还有些人是这样想的："只要付出努力，总会有人发现我。"的确存在这样的可能性，但是，现在人们在交往过程中，都会要求对方说明自己的实力，这已成为一种趋势，所以，抱有"在努力的过程中总会有人发现我"这种想法，在职场上是存在风险的。

要获得提拔，最迅速的方法就是给自己贴上标签，让别人知道"自己是什么人"，并积极主动地付诸行动。

三．建成与众不同的个人标签

"贴标签"就是设定自我宣传的要点，并把这个要点用通俗易懂的语言传达给对方，给对方留下一个深刻的印象，以便在某个关键时刻想起自己。

那么，应该怎样设定自己的标签呢？一个优秀的标签都具备以下三个要素：将来想做什么、能做什么和将给对方带来什么样的利益。

1．将来想做什么

首先，标签要告诉别人你将来想做什么样的工作。对于职场新人来说，可能对自己将来想做什么不是很清楚，这不要紧，只要能达到"希望将来从事销售工作"、"希望能在值得尊敬的上司手下做事"这样的程度就可以了。也就是说，只要你的标签能够说明你的"职业方向"就可以了。

现在有很多职场新人正在制订周密的职业计划，但是，在瞬息万变的时代，花大量的时间来做这件事并不值得，因为说不定十年以后你的目标职业本身就不存在了。不要花太多的时间去制订职业计划，只明确自己想做的事，在工作的过程中积累实力，在机会来临时就能将它紧紧抓住。因此，对于职场新人来说，只要知道自己大致的职业方向就行了。

企业在提拔干部的时候，大多都是根据推荐者"这个人应该能行"这样的假设来判断提拔与否。即使你没有做过某项工作，如果有推荐者说"这个机会跟那个人的抱负正好一致，他应该能做好"，那么，公司很有可能会根据这样的假设对你进行提拔。

但是，如果别人不知道你想做什么工作的话，那他们就没法做这样的假设。因此，为了能让推荐者在提拔的场合想起你："对了，那个人这么说过……"，那你就必须事先表明自己想做的事情。

但是，假如你的标签表明你只限于现在自己能做的事，那么即使你暂时得到推荐，也很难抓住这个机会，进而失去上升到更高层次的机会。比如，你只有"我想做编程”这一个标签，那么，你就只能被推荐去做编程的工作了。也就是说，你有可能一直被推荐做这种工作——“你只做编程的工作就可以了”。

但是，你如果在自己的标签中加入这样的长远愿望：“将来我想成为一个全方位解决IT系统问题的人”、“我想成为一名操作能力很强的系统开发人员”，那么，如果有下一个系统开发项目，领导就有可能让你试试。

如果你能够事先说明自己为了想做某项工作，现在正在做什么样的准备，那效果就会更好。只是多说一句话，真实性就大大提高了。

在思考自己想做的事的时候，自己跟自己的对话是非常重要的。因为有时候通过深刻的反省，你会发现连自己也不知道自己真的想要什么。现在很多人选择工作都是随波逐流，别人认为什么工作好，自己就想要做什么工作，而这种工作并不是你真正想做的工作。

如果随波逐流，你的工作热情一般只能持续三年左右。即便在别人眼里是很好的工作，你做了三年左右，工作内容熟悉得差不多了，你也会对它失去新鲜感。到时你就会想：“哎，当初我为什么会找份这样的工作？”因而失去工作动机和热情。因此，在把自己的愿望变成标签的时候，一定要追问自己：自己到底想从事什么样的工作，能使自己的灵魂为之颤动的工作是什么？

自我反省是一件非常难的事，但是为了让自己的标签更有说服力，在建立自己的标签的时候，一定要了解自己的价值观到底是什么。

2. 自己能做什么

考虑好了自己想做什么之后，就是思考“自己能做什么”。仅有“想做”是不够的，如果你只是告诉别人你想做什么工作，那你就有可能被人说成是“天桥的把式光说不练”。为了让对方认为你“能行”，在告诉别人你“想做什么”的同时，还必须把自己“能做什么”告诉对方。为了让推荐者增强“这人应该可以”这个假设，你就要显示自己“能做的事”。

“标签”说到底是表现自己的“记号”，所以实际上它是表示自己“能做的事”的关键词。在建立自己“能做的事”这个标签的时候，最好用自己以前的职业经验做基础。比如“我做销售的时候做出了这样的业绩”、“我擅长统计和财务”等。真实而又具体地说出自己过去的实际业绩是你的标签的关键。

对于职场新人来说，与“想做的事”一样，“能做的事”也有限，因为新员工经验不足；而且在大多数情况下人们更注重的是你的“可能性(看起来能行)”，而不是你现在的实力(能做)。

总而言之，在标签中首先要宣布“我想做某某”，然后一点一滴地培养实力，直至成长达到“确实能做某某”的水平。当然，你如果没有具体的实际业绩，也可以笼统地表明自己“能做的事”，比如“我与同事相处很融洽”等。

3. 你会给对方带来什么利益

最后是“你能给对方带来什么利益”。把自己的标签展示给对方的时候，不能单方面宣传“自己有多了不起”、“自己有多重要”。你可以在脑海中想象一下某人推荐你时的情形：“某某人会做某某事，将来想从事关于某某方面的工作。”如果只有这些，接受推荐的人是不太可能想见你。20岁左右的年轻人还可能因为年轻和有体力而受到关注，30岁以后的就很难说了。

因此，你必须要让推荐者再加上最后的推力：“并且，他有可能给我们公司带来这样的好处……”有时候，这个最后的推力用什么词汇来表达是由推荐者自己想出来的。你与其让别人自己去选择词汇，还不如自己添加一句，比如：“也许我能为您带来这样的好处……”这样你被提拔的几率就更高。

在这里必须要有“为买方服务”的观念，而不仅仅是“促销”自己。所谓“促销”就是指自己的商品很好，让对方一定要买；而“为买方服务”的宗旨则是“您的需求我正好能满足”。虽然两者有些相似，但是“促销”的主语是“自己”，而与此相反，“为买方服务”的主语是“对方”。在现代职场上这两者都是必不可少的，但是，对于职场新人来说，为了拓展人脉，得到他人推荐的机会，最好把重心放在“为买方服务”上。

“标签”说到底就是自己的宣传要点，只要能与其他人不同，能成为一个闪闪发光的记号，在以上三个要素中选择任何一个作为标签都可以。但是，因为这三者是相互关联的，要建立最能表现自己的“标签”，最好先盘点一下自己，按照愿望、能力、可提供价值这三个要素的要求，各造一个句子来表现自己。牢记这三个要素，根据对方的需求和面对的不同情况，选择或者搭配使用不同的标签。

四. 打造职场中的"自我品牌"

为了扩展人脉而制作标签是一种塑造"自我品牌"的方式。如果你能为自己的标签找到一种恰到好处的表现方式，让对方感到你"这个人好像很不错"，那就能大大提高你的市场价值。

一些职场新人可能会产生畏难情绪，认为塑造"自我品牌"是件很难的事，怕自己做不了。其实，大部分职场新人都至少有过一次塑造自我品牌的经验，因为毕业时都有过找工作的经历。

在找工作的时候，所有人都很认真地研究过如何推销自己，而为拓展人脉而塑造自我品牌与找工作时的自我推销是一样的。

找工作时的自我推销通常分两个阶段。

第一个阶段就是把自己的基本情况和特长写成"简历"。之后，为了使自己的特长看起来更具魅力，就要对它进行包装和加工。比如，你可以采用这样的说法："我参加过这样的活动，具有这样的特长，将来希望在贵公司作出这样的贡献。"

第二个阶段是参加面试。面试是相互判断"能否在一起工作"的场合。应聘者和招聘者双方都为了在众多的公司(候选人)中被选中而努力。

应聘者为了在30分钟到1个小时的时间内给面试官留下深刻的印象，把"有协调能力"、"有组织能力"等个人特长作为"卖点"进行自我推销。另一方面，企业在报纸或本公司网站上登载招聘广告的时候，也会用宣传自己是"什么样的公司"，比如"本公司能为您提供挑战的舞台"等。

说到双方相互在意的地方，并不是公司的业绩和你个人的实力，而是对方的潜在能力，即双方都希望看清对方是否有闪光的地方。

当你获得某个人提拔时，其情形和找到工作是一样的。为了达到相互的"高度信赖"，就需要你在自己的标签中，把这三个要素明确地表达出来："我能做某某，将来想这样做，而且我能为你带来这样的利益。"

即使你的潜力很大，但如果在别人看来你的这种潜力毫无用处，那么你也得不到提拔。所以，要根据不同的对象，灵活地使用自己的标签，表现出你让对方感兴趣的潜力。

提拔你的人可以给你提供职业发展舞台，但是，他为什么要给你提供这样一个舞台呢？他在决定提供这个舞台的时候，必须有一个充分合理的理由。

如果你只是在标签中宣传"我想做这个"和"我想变成这样"，那不可能成为被推荐的理由。你一定要站在对方的立场来考虑这个问题，应该向对方提供一个通俗易懂的、有说服力的标签，使得对方更容易进行推荐。也就是说，当提拔的机会即将降临到你身上的时候，你要迎合对方的想法，努力让自己的标签与对方的期待值一致(当然不能说谎)。

在现代职场上，精英云集，竞争激烈。即使你潜力再大，也有可能被埋没在芸芸众生之中。为了能让别人在一些关键时刻想起自己，你就应该在一开始就给别人留下深刻的印象。

如果潜力不挖掘出来，不付诸行动，就没有任何意义。比如，有个人一直在默默地观察你，突然有一天对你说："试试这个工作吧？"那你就是非常幸运的，但是，这属于小概率事件。

因此，要获得提拔，最重要的就是给自己贴上一个通俗易懂的标签，并加以推广宣传。

五．巧妙地宣传自己

要宣传自己也许让一些新员工感到别扭。的确，中国人向来讲究"真人不露相"和"少说为佳"，并且把含蓄当成一种美德。很多人不喜欢与那些过分强调自我的人交往，对于喜欢自我吹嘘的人也会敬而远之。

但是，不管你如何努力，你为公司作了多少贡献，如果得不到他人的认可，那它们对你的职业发展就没有任何意义。所以，从这个意义上来说，即使你的自我宣传有些夸张，那也不一定是件坏事。当然，自我宣传还是要恰到好处，要把自己真实的想法巧妙地说出来。

你在给自己贴标签的时候，如果过于以自我为中心，就很容易被人认为狂妄，这样就会让推荐人为难，从而失去被推荐的机会。不仅如此，从此你周围的人都有可能对你敬而远之，认为你是个"爱出风头"、"只会耍嘴皮子"、"只会吹牛"、"名利欲太重"的人。

职场上有些这样的人，他们很聪明，办事能力也很强，但是他们特别狂妄自大，并且固执己见，不管对方是谁，一旦驳倒对方的观点，他们就会摆出一副"我早说过我是对的"的态度。因此，他们给周围的人的印象是"他很优秀但也很讨厌"。人们常在背后指责他们不够成熟或者缺乏人格魅力。

如果自我宣传过分的话，你还有可能给人一种相反的印象，人们会认为你是个对自己没有信心的人。

那么，公司员工应该如何恰如其分地宣传自己呢？一个聪明的办法就是在为集体作贡献的同时，不露声色地宣传自己的贡献。比如，几个同事相约下班后去喝酒聊天，你在不经意中提起上个星期的登山活动效果非常好，而那次活动就是你组织的。于是，就可能会有人附和："那次登山确实玩得很开心！"你就这样在无意中让别人想起你的贡献："对呀，多亏了你那么积极地张罗！"

在现代职场上，人们都追求利益，讲究"等价交换"。一个人的人品固然重要，但是，对方在与你交往时，更关注得是与你合作是否能够带来实实在在的利益，即能否形成利益交换关系。如果你不能给对方作出什么贡献，那他就不会给你什么机会。

因此，为了能够获得对方的高度评价，并让他提拔你，那你就必须让他感到提拔你后，你能为他作出同等的贡献。当然，这并不是让你一定要迅速回报对方，但你一定要让对方预感到你们双方之间会形成一种双赢的关系。

也许一些职场新人还坚持这样的观点：只要我努力工作，并做出成绩，即使我不说出来，别人也能知道。然而，现代职场是讲究效率的，再加上人们年龄、性别、经历等方面的差异，如果你一味地保持沉默，即使你的同事也不一定了解你的贡献。

要你面对面地向别人宣传自己的贡献，可能会让你难为情，在这种情况下，你不妨低调地把它们写在自己的博客等媒体中。比如，你可以把自己的工作及感受写进博客，其他人读了你的博客以后，知道你工作努力，而且业绩不俗，从而理解了你工作的价值。

其实，在现代职场上，你周围的人经常在苛刻地审视你，看你到底为组织做出了什么样的贡献。当然，这并不是说有成千上万的人都睁大着眼睛注视你，而你必须做出过硬的业绩才行。人们关注你更多的是"参与意识"的强弱，即你的主人翁意识如何，以及你为了作出贡献在做什么样的努力。因此，最重要的是，你首先要参与到这个团体中去，然后再以这个团体为对象自然地宣传自己。

六. 亮出你的"标签"

在考虑标签的时候，要把握宣传过度和宣传不足之间的平衡是非常困难的。那么，应该如何把握自我宣传的分寸呢？这事没有捷径，只有付诸实践。

通过深刻的反省来确认"自己想做的事"和"自己能够带给对方的益处"是很重要的，但是，你到底会给对方带来多少利益，那就需要"试销"。

所谓试销，就是你把自己的标签说给对方听，看看对方的反应如何。如果对方说："嗯，你的想法很不错！"那就表明你的标签是无效的，因为对方这种"客气"说明他对你的标签不感兴趣。相反，如果对方饶有兴趣地说："原来如此，那你具体是怎么考虑的呢？"或者："很有意思，继续说来听听。"这就说明你的标签是成功的。

在这个时候，你还要记住对方在交谈中还问了你哪些问题。通过这些问题，你可以发现自己的不足之处，自己需要用怎样的表达方式让对方感兴趣。只有通过这样的沟通，你才能逐渐完善自己的标签。因此，你最好与各种不同职业的人交流，听听各方面的反应。

现在，各种以结交人脉为目的的聚会受到很多新员工的欢迎，但是，在这种聚会上漫无边际地交换名片，只能增加名片收藏的数量，没有什么实际意义。因为你没有吸引对方的标签，对方在交换名片后就会很快把你遗忘。因此，即使你费尽心思与人交换名片，对你拓展人脉也没有什么作用。

但是，有些新员工碍于情面或其他原因，不得不参加一些这样的聚会。在这个时候，聪明的做法就是干脆把它当作检验自己的标签内容是否合适的场所。在这种场合你对别人介绍自己的标签，说不定你会发现，对方对你的标签根本不感兴趣。虽然这样会使你感到失落，但能让你发现自己标签中存在的缺陷，因而你就会重新思考如何展示自己，如何树立自我品牌。没有谁的标签一开始就完美无缺，而一个吸引人的标签也不可能在一夜之间建立起来。

第二节　做出业绩

一．用“业绩”证明“标签”

自己的标签确定以后，你就要给标签增加客观的证据了，否则，你的标签有可能被人认为只是你的想象。能给你“标签”增加客观性“证据”的就是你工作的实际业绩。这种业绩可以是一些相关的数字，也可以是某种成果，它们必须具有充分的说服力，能让对方觉得你“这个人很了不起”。

对于职场新人来说，即使是很小的成功或经验，也能证明你的标签，得到对方的认可：“原来如此，他说的是真的。”如何建立标签固然重要，但是，如果你不先做出一定的业绩，那就很难让别人相信你标签的真实性。

二．不过分拘泥于“标签”

当你做出一定的业绩时，如果过分拘泥于标签的需要，也就是说，你非要做“自己想做的事”不可，那就有可能失去被提拔的机会。比如，你喜欢销售，希望在这方面有所发展，但有一天公司老板问你愿不愿意去负责市场策划方面的工作。当这个机会在不经意间来到你面前时，因为它与你“想做的事”不一致，所以，你不愿也不敢去接受这种挑战，从而让来之不易的机会就这样溜走了。

"塞翁失马，焉知非福"。有时候当意外的机会来临时，你把它抓住了，做出了骄人的业绩，而这个业绩又恰好能成为证明你标签的内容。当然，职场新人的视野还不够开阔，很难辨识自己面临的机会是否正常。

三．先问问自己付出了多少

为了获得提拔而制作标签，说到底就是一种获取机会的方法，而要证明你的标签真实可靠，那你就必须努力，做出相应的业绩。那么，要做出什么样的实际业绩，需要什么样的条件呢？

在现代职场上讲究"give & take(先付出，再索取)"的原则。也就是说，你不能一获得机会，就立即做"自己想做的事"。你首先要让对方认可自己的价值，并100%地满足对方的需求。

要想做自己想做的事，首先要努力做好提拔你的人需要你做的事，然后在这个基础上慢慢地去做自己想做的事。而且，在"give(付出)"的过程中，不能半途而废，也不能中途抱怨："我付出了这么多努力，却什么也没得到！"这种抱怨只能给对方留下这样的印象："是的，你虽然在努力，但是你努力不够！"

另外，你可能还会想，现在做得不是我想做的工作，我是想做那种工作……因此对工作采取消极的态度。如果这样的话，那在你的价值得到对方认可之前，你就已经失去了对方的信任。所以，你不能拘泥于自己想做的事，而应当努力回报对方的期待，努力工作，取得实效。

职场新人在刚开始工作的时候，不可能做出很大的业绩：本来做出业绩不容易，如果你再固执地想做自己喜欢做的事情，那你就很难看到自己想做的事情以外的机会。职场新人可塑性很大，如果尝试做不同的工作，那你就有可能发现自己有很广阔的适应性和潜能，而你也会因为它们得到机会。

四．抓住每一个细小的机会

如果机会只出现一次就终止了，那这个机会就没有什么实际意义。只有对方认为你工作不错，达到了他的期望值，下次有重要工作还会交给你，让机会源源不断，这样才有价值。

所以，对于新员工来说，即使在工作中只取得了很小的成绩——它可能在你的同事看来几乎没有什么价值——但它对于你仍有巨大的意义，因为它可以成为你标签的证据，从而给你带来机会，让你获得更大的成功。那么，新员工怎样才能获得这种哪怕是很小的成绩呢？

首先必须“努力”，努力做好自己的本职工作，争取出成果。即使你的成果是很小的业绩，但它也是最初用来证明你标签的业绩。你工作踏踏实实，任劳任怨，自然会得到别人的信任，更重要的是你通过“努力”，提升了自己的实力，可以做出更大的业绩。

五．测算自己的市场价值

对于新员工来说，什么样的实力才能算得上是标签的业绩呢？而实力又究竟是什么呢？用什么样的标准来评价实力呢？

对于员工实力的评价，标准各式各样，根据企业的要求和面对问题的不同，评价标准的优先顺序也不同。另外，随着企业经营管理环境的变化，评价标准也会发生相应的变化。但是，一个员工的实力，也就是他的市场价值，是由能力、实际业绩和热情三个要素构成的。其计算公式是：

市场价值＝能力×实际业绩×热情

与标签一样，你可以从这三个要素当中抽取任意一个做出实际业绩，但是你的市场价值是三个要素的“乘积”，所以，在遇到提拔的机会时，对方可能会要求你在这三个方面都很优秀。

1．能力

所谓“能力”就是指具体的知识和技术。一个人的能力可以通过工作提高，也可以在学校通过学习获得，它就是人们常说的经营知识、思考能力、分析能力、沟通能力、领导能力等。

这些能力与竞技体育项目的情况类似，只有通过反复“训练”才能获得。当然，公司员工在工作中可以提高自己的能力，而且这是最理想的，但一些基本的经营知识也可以通过学习来提高。

在你的标签当中，你的能力要素最好与具体事例结合在一起，比如“去年完成100万元的销售额”，这样更真实可信。当然，如果你能说明自己是如何提高自己能力，以及在什么样的背景条件下提高自己的能力的，那你的标签就更具有说服力。

根据企业管理水平(职位)不同，企业对员工的能力也不尽相同。比如，对初级管理人员的要求是“技术+知识”，对中级管理人员的要求是“团队贡献+人才培养”，而对高级管理人员的要求是“贡献+组织开发能力+企业管理能力”。

因此，公司员工只有根据自己的实际情况，掌握与之相应的知识和技术，才有可能将它变为自己标签上的“能力”。

知识仅仅只是“知道的东西”，它与 “应用”中所需的能力之间还有一定的距离，比如，你在学校学习了会计学原理，并在考试中得了99分，但到企业后要成为一名出色的会计，还需要一段相当长时间的实践。

一些职场新人虽然在学校里学到了很多知识，但它们并没有在实践中得到运用，所以他们的应用能力还没有得到锻炼。如果你在标签中把知识当作“能力”，一旦获得挑战的机会，那你的实际能力就有可能欠缺，完不成任务，达不到对方的期望值，让双方都失望。

2. 实际业绩

实际业绩是指在工作中得到的成果，即通过“能力”要素做出的成果。如果你是职场新人，你的经验可以是“在某某工作中做出了这样的贡献”就足够了。

一些职场新人的“能力”很优秀，即知识和技术很充实，但是运用这些知识和技术做出的成果却几乎为零。人们常把这种人称为“天桥的把式光说不练”。

然而，要做出“实际业绩”，就必须有获得施展才能的机会。那么，对于那些没有机会做出实际业绩的职场新人来说，应该怎么办呢？

如果你是职场新人，不管你拿多么小的“实际业绩”来充实自己的标签都可以，比如，你正在做的工作，甚至是你曾经的失败记录。总之，重要的是要让对方感觉到“某某应该能行”，也就是说你“看起来能行”而不是“一定能行”。

因此，有时候称得上实际业绩的不一定是成功的经验。即使不是很理想的结果，只要能让对方了解到你在某项工作中起到的作用、承担的责任、做出的努力、学到了什么等，就可以成为对方做出判断的依据。

3．热情

所谓“热情”就是指你拥有自己的目标并在为实现这个目标而努力。

一些职场新人在工作中，经常有意识地提升自己的能力，并希望做出骄人业绩，但是他们很少想到在工作中热情的重要性。其实，与其让推荐人这么介绍你“以他的能力，完成这项工作一点问题也没有，只是他是个喜欢我行我素的人”，还不如他这么说“他工作虽然有一些马虎，但他是个对工作非常投入的人”。这样更能让人感觉到你快速成长的可能性，从而更容易提拔你。

六．坚持就能卓越

现代职场永远是将追求效率摆在第一位，但是，如果你过度看重效率，就会失去自己当初设定的一些重要目标，造成本末倒置。

公司员工的实力，只凭高效率工作是无法得到提高的，有时需要你专心致志地投入到当前的工作中去。特别是要获得提拔的时候，更需要你保持“不达目的誓不罢休”的劲头。

提到“不达目的誓不罢休”，也许会给人一种“唯意志论”的印象。“不管有多大困难，我也要坚持到底！”“不管有多痛苦，我也会忍耐……”工作中的这种“唯意志论”一般都会被认为是非常缺乏效率的。面对工作中的困难和挫折，只凭意志的力量去解决，不是理智的选择，因为你牙关咬得再紧也不可能从根本上解决问题。

那么，“不达目的誓不罢休”的劲头就没有实际意义了吗？职场新人要想做出实际业绩，在遇到困难时，只有“坚持”。比如，上司突然要求你在两天之内完成客户的广告策划书，如果你不加班加点，没有连续作战的精神，就不能按时按质完成任务。“再难我也要做好！”保持这种心态就是“坚持”。

职场新人身上的这种“坚持”，不可能在一朝一夕形成，只有在日常工作中精益求精，全力以赴，才能水到渠成。

七．努力做好当前的工作

对于公司新员工来说，要做出实际业绩不容易，所以，必须做到“坚持”。当机会女神到来时，如果你不坚持，你就没有能力抓住；而且，即使是抓住了，如果韧性不够，你也有可能中途放弃。

为了迎接机会女神的出现，必须提前做好一切准备。但是，如果你不专心致志地做好当前的工作，机会女神根本就不会现身，或者机会来了你也注意不到。这样不管等到什么时候，你也无法在自己的标签上添上实际的业绩。

的确，我们每个职场新人都希望有个良好的成长环境。但是，另一方面，我们必须适应环境，不能总是找客观原因，把自己做不出业绩怪罪于自己所在的环境。当然，也有一些人过度拘泥于想做的事，轻易而又反复地跳槽。那些“跳槽大王”久而久之会给人留下“没有能力解决实际问题”的印象，大多数企业对这种人都会敬而远之。企业欢迎的是这样的人，虽然工作中有困难，但你仍在努力地工作。事实上，机会女神也只垂青这种“努力”做好当前工作的人。

第三节 扩展朋友圈

一．参加学习会

要想打造成功的人脉，获得施展才能的机会，最好与朋友一起努力。这里所说的“朋友”，是指那些志同道合的人；与朋友一起努力，就是建立一个能够相互提高、共同成长的群体。所以，这种努力不是在生意场上简单地互换名片，或者与三五个朋友喝酒聊天，如果是这样，那他们没有任何商业上的意义。

对于你们的“标签”和“业绩”，你与朋友之间应该能够相互评价，提出建议，帮助完善，并且能把对方介绍给与其标签相关的人，相互为对方带来施展才能的机会。

对于职场新人来说，如果想要迅速拓展自己的人脉，就应该跟与自己拥有同样愿望的朋友一起组成一个团体，共同进步。

也许有人说到哪里去结交这么合适的朋友。其实，要结交与自己志同道合的朋友有很多方法，其中一个行之有效的方法就是组织学习会，形成一个团体，定期聚会。这个学习会要与自己的标签有联系，即与自己“想做的事”、“能做的事”和“价值观”相吻合。以此为切入点确定学习会的宗旨和主题。

万事开头难。最初你可能会因缺乏经验，感到运作这个学习会很困难。但是，实际上只要在一开始就明确学习会的目的和原则，运作起来并没有想象中的那么困难。这种学习会对拓展人脉非常有效：可以试验自己的标签，相互切磋交流，相互推荐，共享人脉。

二．不断完善自己的标签

举办或参加学习会，通过与朋友的交流，可以大大拓宽自己的视野，从而可以不断完善自己的标签。

你所举办或参加的学习会必须与自己的标签有联系，只有这样，你才能结交到志同道合的朋友，获得施展才能的机会。

共同参加学习会的成员，在建立了相互信任关系之后，就会相互直率地开展批评，被批评的人也会认真接受。通过批评，接受建议，你会清楚地认识到自己的标签在内容上有哪些不足，接受一些好的建议，这样就能把自己的标签进行升级，从而具有更大的吸引力。

三．有效地运用学习会

在选择参加学习会或餐会的朋友时，一定要注意对方是否属于能够共同发展的伙伴。共同发展是指拥有不同专业和背景的人，在保持竞争意识的同时，为了达到共同的目标互相贡献智慧和力量，共同前进。如果做不到这一点，那好不容易举办的学习会就会变成普通的朋友聚会。

与你共同参加学习会的人应该与你有共同的目标，能够相互提高，也就是说，你选择的朋友必须与你一样，不满足现状，正在为寻找一个更大的职业发展舞台而努力。具体地说，你选择的朋友应该有明确的标签，并且有能够证明他标签的业绩。如果不具备这两个条件，那在学习会的讨论中，不可能做出有价值的发言。

这种学习会多是私人性质的，因此确保它们的质量是很重要的。如果不能保证讨论的质量或者成员的素质，那就会使聚会失去意义，那些优秀的成员也不会愿意继续留在这样的学习会里。因此，有时候你不得不把那些水平有限的成员中途淘汰。

对于职场新人来说，举办“读书会”也是学习会的一种形式。读书会的具体形式是，选择一本书让读书会的成员共同阅读，然后在会上把自己读书的心得体会与大家进行交流。读书会的好处很多，比如，对于一些古典作品，你平时很难产生阅读的欲望，总是想等什么时候有空再去读，但实际上是长期把它束之高阁。但是参加读书会后，你就有了来自同伴的压力，即使是那些读不太懂的书你也能坚持读完，并且通过与同伴的讨论和切磋加深理解。

读书会与拓展人脉有很大的关系。大家通过读同一本书，可以互相认识彼此思维方式的异同点，重新认识朋友的价值观，进一步理解彼此的“标签”的实质，以此为契机相互提供施展才能的机会。

在这种读书会中，要求每个人都必须认真阅读指定的书籍，自己首先与书进行对话，得出自己的见解，然后将它们拿到会上与同伴交流。这种情况下，即使有一个人没有做出同等程度的准备工作，也有可能破坏读书会的整体气氛，而那些在忙碌中抽出时间认真准备的人也许会想："下次我也不准备了。"

因此，读书会的全体成员应达成明确的共识"Commit or Die（贡献！否则出局！）"如果成员之间能相互监督，那就能保证讨论的质量。

因此，学习会和聚会并不是任何人都可以参加的开放式活动，要尽量保证它的封闭性。要想保证学习会和聚会的讨论质量，就必须营造一个有利于成员畅所欲言又心无旁骛的氛围。所以，学习会的成员不能太多，最少四五个人，最多也不应超过十个人。如果超出这个人数，不仅成员的注意力会分散，而且可能因人多嘴杂出现不可控制的局面。

通过这种与志同道合的朋友的切磋交流，不仅能相互了解彼此的标签，而且能够深刻理解彼此的标签中包含的价值观和使命感。

如果朋友之间能够保持这种密切的交往，那当你周围出现了适合自己朋友施展才能的机会，你就会马上想起他，向他提供信息，并且会为他获得这个机会竭尽全力。因此，通过读书会结交这种志同道合的朋友，成员得到被提拔的几率就会大大提高。

四．掀起"头脑风暴"

结交朋友的时候，应该注意对方的经验、特长、行业与职业种类等。物以类聚，人以群分，一般人结交朋友时往往倾向于选择与自己"臭味相投"的人，比如，有共同语言、有共同经历等。但是，这样做很难达到"共同发展"的目的。参与者的性格、行业种类、特长等越是迥然各异，越容易产生新的思路和创意。

要达到这种效果，关键是选择那些与自己从事不同项目或工作的人。如果你们是参与同一个项目的人，那你们所处的背景和掌握的信息就大致相同，在一般情况下很难产生新的观点和创意。在另外一方面，即使你们职位相同、经历相似，但是只要你们有不同的思维方式或特长，在讨论的过程中也同样能产生头脑风暴。

所以，重要的是要对自己有清醒的认识，争取结交一些能弥补自己不足的朋友，至少可以通过与他们的讨论，客观地认识自己的优缺点。如果能拥有几个这样的良师益友，那他们将为你带来更多的职业发展机会。

五．让人脉像雪球越滚越大

如果你要举办聚会或者学习会，就一定要争取做负责协调的干事或秘书长等职务。因为通过协调聚会的举办日程、地点等事项，你要频繁地与各个成员联络、考虑聚会的各种杂事，这样你就得到了一个为他人服务的机会，而你在为他人服务的过程中，自然就增加了与他人相互交流和了解的机会，于是，你的人脉也就在自然地延伸。

一些职场新人为了拓展人脉而参加各种聚会活动，但发现收效不大，在会上跟很多人交换了名片，但是会后很少有人来联系。有的在聚会时一见如故，但是随着时间的推移，关系就渐渐疏远了。

要与一个陌生人建立起牢固的关系，要付出一定的努力。如果在第一次见面的时候你这么自我介绍“我叫某某”。那你以后就会要付出很高的成本。为了给对方留下深刻的印象，产生与你继续交往甚至合作的愿望，那你就要全面介绍自己的标签，让对方觉得你很了不起，或者有一定的人格魅力。因此，没头没脑地交换名片，最多只能增加你的名片收藏数量。

在生意场上，你只是递给对方印有你公司名称的名片，这不能算是拓展人脉，因为对方仅仅只知道你的名字，要不了多久他就会忘记。因此，如果你在没有自己明确的标签的情况下，去拼命拓展人脉，那不会有什么实际效果。

从这个意义上说，职场新人最好少去参加各种以拓展人脉为目的的聚会，因为在这些聚会中拓展人脉的成本很高。与其参加这类的聚会，倒不如与那些已经认识的人增加联系，一起吃饭聊天，这种拓展人脉的效率要高得多。与已认识的人聚会，不仅省去了自我介绍的麻烦，而且双方都不抱有戒心，就可以直接进入正题。这样可以大大提高结交朋友的效率，降低交往成本。

真正的朋友关系不可能在一朝一夕之间建立起来，它需要彼此之间共同积累各种相同的体验，相互理解对方标签的内容，在拥有共同愿望的基础上，相互支持和帮助。

通过学习会建立起来的朋友关系，因为拥有共同的体验，一起成长，因此，他们必定会成为你职业生涯中的巨大财富——人脉的核心。

第四节 发布自己的信息

一、“播种”个人信息

当朋友不断增加，并且形成了自己的人脉核心团体的时候，下一步就要开始努力让自己的信息(标签)流传出去，向周围的人介绍你的标签。

当你发布自己的信息的时候，没有必要限定对象和目标。为了最大限度地让别人在某个时间想起自己，最好采用类似“播种”方式，普遍播种重点栽培。你要发布的信息就是你“想做某某”、“对某某感兴趣”、“想见到某某人”等内容。

传播自己的信息，最好的方式是直截了当地与朋友交谈。有时候，说者无心，听者有意，对方的内心会产生一种震撼。这样，他又会把你的信息传递给其他人。通过口口相传，你的信息传播的范围会越来越广，效果也会不断地增加。如果你的标签具有趣味性和传奇色彩，并且通俗易懂，那么它就会给别人留下深刻的印象，在更广阔的范围内传播，于是，一些所谓的“偶然机缘”就会悄悄来到你身边。

“偶然”是无法控制的，但是人们可以提高偶然发生的几率。不管是现实的脑内检索也好，还是虚拟的网络检索也好，为了让别人在进行关键词检索时想起你，你就要广泛传播自己的信息，提高被搜索到的几率，这可以说是取得职场成功的一个“诀窍”。

为了能让自己的名字在人家搜索的候选人名单中排在第一位，你就要在平时多“播种”，让对方记住自己的标签。这样的“播种”如同于网络中的SEO策略。SEO是Search Engine Optimization(搜索引擎最佳化)的缩写，它是指为了使网页在搜索引擎的检索结果中显示在用户优先看到的位置，在网页中加入合适关键词的技术。

在某个人以“有这样的人吗？”为关键词进行检索的时候，如果你标签上的内容与他的关键词相吻合，那他就会想起你来：“也许该跟这个人谈谈！”这就是提高现实世界脑内检索的方法。

当然，别人在什么样的时机会想起自己的标签，这完全是不能预测的，只能靠偶然。所以，你在传播自己信息的时候，不要希望一蹴而就，一次不成功就耿耿于怀。世界一流人脉关系大师哈维·麦凯说过，拓展人脉关系就是一个挖井的过程，付出的是一点点汗水，得到的是源源不断的财富。在拓展人脉上的投入，即使成功率只有1%，但只要你抓住了这1%，那回报也是很可观的。

二．丰碑不如口碑

在发布自己的信息时，重点要放在“口口相传”上。口口相传是通过个人与个人之间的推荐、提供消息而进行信息传递的一种方式。如果你的朋友在遇到某个人的时候对他说：“最近我结交了这样一个有意思的朋友……”“我和一个朋友举办了这样一个学习会……”把你的名字、标签介绍给对方，这就是一个成功的口口相传的例子。

对于那些掌握着提拔别人权力的人来说，他们更需要通过这种“口口相传”获得信息。口口相传有两大优点，一是通过口口相传你可以更容易获得机会；二是当你得到别人推荐的时候，口口相传的信息可以成为客观依据，为提拔你的人提供参考。

那些与你志同道合的朋友，在合适的情况下会这样向别人介绍你：“某某人在这方面很出色”、“他就是想做这样的事……”那些听到这样介绍的人可能会这么说：“下次你一定要把你这个朋友介绍给我。”这就是你的标签“不胫而走”。

在社交场合，如果对方已经通过口口相传得到了你的信息，那当你与对方初次见面的时候，你就可以这样说：“某某向您介绍过我……”这样就省去了你自我介绍的麻烦。如果对方这么说：“是呀，某某介绍的朋友，那你在某某方面一定很出色！”这样，口口相传的内容就成为对方判断你的参考依据，也成为证明你标签的客观保证。

这种口口相传只能通过在不断增加朋友的同时，逐步获得他们的信任才能得到。信任是拓展新人脉的前提，它又会在新的人脉中得到扩展。因此，在与人交往过程中，不能急功近利，建立互信关系需要有个过程，欲速则不达。

三．让朋友乐于跟自己交流

那么，如何让朋友帮助你传播自己的信息呢？ 就是要让自己的朋友在不知不觉中，情不自禁地想把你的事(标签)告诉别人。要做到这一点，并不需要特殊的能力或技巧，只要让你的朋友乐于跟你交流就行。

如果你曾与某个朋友有过一次非常愉快的交流，那你一定会在某个时候(比如第二天)情不自禁地想把这段经历告诉另外一个朋友：“那天我跟某某聊天，非常有意思……”“原来某某正在做某某事……”如果这种交流内容鲜明，能给人留下深刻印象，并且与他的思法或工作有密切的关系，那他又会告诉自己另外一个朋友……这样就会一传十，十传百地流传下去。

要达到口口相传的效果，自己的标签里就要有让对方感兴趣的东西。如果你的标签已经通过朋友的帮助日臻完善，极富吸引力，那它就必然会达到最大的口口相传的效果。

因此，要让自己的信息迅速传播出去，首先要让身边的朋友乐于跟自己交流。需要注意的是，你一定要有“为买方服务”的意识。在与别人交流的时候，首先要想到对方需要得到什么或正在寻求什么，而不是一味地谈论自己要宣传的东西。

这种交流最好是采用一对一的方式进行，最多也不要超过四个人。如果超过这个人数，那相互之间就很难说真心话，交流不会有实质性收获。重要的是，如果人比较少，就能坚持give & take(先付出，再索取)的原则，逐渐建立起互信关系。

在学习会上也是如此，跟朋友交流时，如果你希望集中精力讨论自己的标签，可能还需要另选地方，比如两人一起共进午餐，与对方进行一对一的交流。

你也可以在自己的博客上阐明自己的想法，说自己对某项工作非常感兴趣，或者你想尝试做什么事情等，并把这些想法告诉朋友。

在你将自己的想法告诉朋友之后，他们在碰到他们的朋友时，就有可能告诉对方：“对了，某某说他想尝试一下某某工作。”这样，你想尝试某项工作的概率就会提高。

在拓展生意场上的人脉关系时，大家都要考虑投资回报，而对这种回报就有个“盘算”的问题。在盘算这种“回报”时，需要进行综合考虑。如果回报的周期太长，你可能“得不偿失”；如果你想尽快“套现”，那肯定会让对方反感，立刻被人看穿。因此，我们的“盘算”必须立足于双方的长期互惠互利。

实事求是地说，在朋友之间进行“盘算”不会给人好印象，甚至会受到一些朋友的排斥。然而，与生意场上的朋友之间进行“盘算”，也不能说不正常。为了不让对方产生误会，最好开门见山地将自己的目的说清楚，这样对方就不会产生戒心，怀疑你另有企图。当然，如果你总是抱着“我不能吃亏”、“我绝不做浪费感情的事”这类态度，打这种铁公鸡算盘，那你就不可能得到朋友的信赖。在生意场上，“互惠互利”的原则是友谊的基础。

四．用博客宣传自己

让朋友帮自己进行“口头宣传”，这是一种传播自己信息的好方法，但是，不管你怎么努力，你一天也只有二十四个小时，能够面对面地进行聊天的人毕竟有限。为了加大传播自己信息的力度，在采用“口口相传”方式的同时，还可以用写博客的方式传播自己的信息。只要是对你感兴趣的人，无论何时何地，他都可以从你的博客上详细了解你的信息。

要想拥有丰富的职场人脉，就应综合运用“口口相传”和“博客”这两种信息推广方式。它们的形式不同，但存在着强烈的互补关系。因此，我们必须掌握运用博客这种低成本媒体营销自己的技巧。

博客既可以让更多的人留意自己，又可以将它当作介绍自己标签的场所。让别人留意自己，就是在某个时候别人会想起你“对，就是这个人！”定期更新博客，那别人想起你的概率就会更高。如果你每天都将自己思考的事情写进博客，那博客作为你的标签将越来越完善。比如，你的朋友看到你更新后的博客内容，他可能会想：“原来他还有这样的想法……”从而深化对你的认识和理解。

博客的作用不单纯用于传播信息，它也是试验你各种“想法”的平台。比如，你在博客说我想做某件事情，或者我想挑战某个项目。你周围的人看到之后，他们可能就会有反应，有的可能会鼓励你，有的可能会反对你，有的可能会提出建议……你了解到这些反应，就会调整自己的想法，这样就可以获得更多的机会，或者少走很多弯路。这样，你通过听取朋友们的意见，自己的职业规划会越来越成熟，你的个人品牌也会越来越引人注目。

第五节　把握机会

一．做好准备

你已经建立了自己的标签，在工作中做出了实际业绩，朋友圈得到了扩充，而且把自己的信息传播出去了，那接下来你就要准备收获了——机会即将到来！

为了抓住机会，你要时刻处于万事俱备的状态，做好准备迎接“机会”。但是，机会在什么时候和以什么方式出现，谁都预测不了。有可能你刚刚在博客里发布了自己的信息，上司或者同事就向你提出：“这次的项目由你来负责吧！”或者你的朋友对你说：“某某公司的总裁说想见见你，怎么样？”也有可能在过了一年半载之后，才有朋友邀请你：“我们几个朋友正准备创业，成立自己的公司，想请你来做销售部经理，如何？”因为你的信息不断地在朋友之间循环流传，所以，说不定在什么时候通过什么样的途径，你就会有“贵人”相助。

机会出现了，但它不会在你身边持续待下去。即使暂时性地持续一段时间，那也只能算是“一瞬间”。因此，当你感到机会出现时，就必须在瞬间做出反应。

这种由人脉带来的机会，可以迅速地把你推到一个更高的职业发展舞台。不同层次的职业发展舞台，它们不是连续的，必须依靠机会跃过目前的层次升到更高的舞台。在职场上如果没有机会，你就只能按部就班地慢慢往上爬。因此，如果没有机会就很难实现职业上的跨越式发展。

那么，这种职业“跨越式发展”到底是指什么呢？公司内的管理层根据决策的权利范围及难易程度，分为高级管理、中级管理和初级管理三个等级。高级管理人员的工作是总揽全局，负责考虑公司整体的运营和长远发展战略等方面的问题。他们负责做出决策，解决企业做什么(what)的问题。他们筹措人、财、物这些经营资源，决定整个企业的发展目标和方向，合理调配资源，并把决策传达到公司上下。他们需要具备良好的沟通能力、协调能力和商业敏锐性等能力。

中层管理人员的职责是完成高层管理人员制定的目标，负责考虑如何做(how)的问题。作为经理，他们要在管理企业和员工的同时，保证产品和服务的质量，做出实际成果。

作为执行者，基层管理人员负责对中层管理人员制定的行动方案付诸实践，实现中级管理人员提出的目标。

随着管理级别的上升，管理人员肩负的责任也就越来越大，这就要求他们具有履行这个责任的实力(能力+实际业绩+热情)。如果他们因为实力不够或者经验不足而犯了错误，那将会给整个企业带来巨大的损失。

在这三个管理层次之间有一很大的“断层”，三个层次都互不连接，因此，作为公司员工，并不是你一直从事同一项工作，你的职位就会随着时间的推移而上升，你可以从现在所处的层次上升到更高的层次。也就是说，不借助“外力”你就不能越过与上一个层次之间的断层。不仅如此，如果你长期处在同一个层次，那你的实力就会停滞不前，随着年龄增长，你要越过通往上一个层次的断层，难度会越来越大。

因此，要让自己上升到更高管理层次，就需要借助某种机会获得提拔，飞跃断层。一般来说，只有人脉才会给你带来这种机会，让你的职业实现跨跃式发展。

二. 充分利用好机会

很多人经常与机会失之交臂，原因有很多，而且因人而异。人都是习惯的奴隶，要能根据环境的变化做出与习惯相反的决策是很难的，这样，一些人常常在不经意间推迟决策，所以，他们因为犹豫不决而让机会白白地溜走。

尽管机会往往是“不期而至”，但是，只要留心还是会出现一些征兆的，比如，上司安排你去做一些你以前想做而不能做的事，或者一些你以前想见却见不到的人主动与你交流。这种征兆就像有股强大的气流在将你往上推。如果你反应迟钝，一旦错过了这股上升气流，那你要再次得到机会是非常困难的。

在机会频频降临的时期，会有很多意想不到的好事一下子向你涌来，比如，你刚刚得到提拔，就有人推荐你去负责一个全新的项目……各种机遇让你眼花缭乱，通向更高级的职业发展舞台的大门在这一瞬间被打开了。由于你得到了某位贵人的高度评价，让你得到了挑战超出你现有实力的工作，从而实现快速成长。

因此，每个员工要根据自己的年龄、工作经验以及自己的抱负，辨识自己的机会。很多时候，如果与你处于同一人脉层次的人在背后推了你一把，那处于上一人脉层的人也就会拉你一把。

三. 不辜负给予你机会的人的期望

得到了机会，你就不能辜负给予你机会的人的期望。所谓机会，就是提拔你的人为你准备好一个职业发展的舞台。登上这个舞台之后，你绝对不要以为现在就可以随心所欲地做自己想做的事了。你首先要按照对方的要求工作，竭尽全力，最大限度地满足对方的期望值。如果你在对方为你提供的这个舞台上有一个精彩的亮相，那可能就会有更大的舞台在等着你。

在生意场上一般人都不会毫不利己地给别人机会，提拔你的人必定会有自己的算盘，比如，他提拔你的原因可能是他自己想去挑战一项新工作，希望你能顶替他现在负责的工作，或者是他自己现在忙得不可开交，希望你能成为他的左膀右臂，分担他的一部分工作。当然，也不排除有这样的可能，对方从你的标签中看到了你的潜力从而想给你一个机会。

当你获得提拔时你能够看清楚对方的目的当然好，但是，即使不知道对方的目的也没关系。不管对方打的是什么算盘，对你来说，首要任务就是百分之百地完成对方安排的工作，得到你周围人的充分信任，这样对方才不会失望。如果你在对方提供的这个舞台上能做到善始善终，那下一个机会说不定就在不远处等着你。

四. 你的工作你做主

有些新的工作在你周围的人看来是个大好的机会，但是，你对这种工作没什么兴趣，那么，是不是要将这些与自己的标签没有什么关系的机会拒之门外呢？对于这类机会，只要它们不是特别有悖于自己的价值观，就要考虑接受。在这种时候，你一定要反复地问自己：这个机会对实现自己的理想到底是有帮助，还是明显地背离了自己的理想和追求的工作？条条道路通罗马，有时候没有必要一条道路走到黑。

那些在职业上取得成功的人，他们最初确定的职业目标并不一定就是他们现在的工作，他们都是从一步一步地解决当前问题开始的；他们通过不断努力，做出实际的业绩，从而获得一个又一个的小机会。他们认真地对待自己的每一个机会，一点一滴地积累，最终才获得现在的成就。同样，如果你珍惜出现在你面前的每一个机会，那你会迎来更多的机会。这些机会能让你的职业发展不断地呈螺旋状上升，最终带你进入你的理想王国。

五. 人脉必须升级

当你抓住机会，实现了职业跨越式发展之后，你就脱离了最初所在的人脉层次，你原来的人脉在一定程度上变得陈旧了。如果你一直沉溺于这种陈旧的人脉关系中，那对你的继续成长可能带有负面意义。那么，在什么样的情况下人脉关系才会变得陈旧呢？比如，在学习会里，你原来每次与朋友讨论都会感到有收获，可现在当你再跟那些朋友交流，你不仅感到没什么收获，甚至产生索然无味的感觉。

这里所说的“脱离最初所在的人脉层次”，并不是让你一定要与原来的朋友一刀两断，从此不再来往，而是指你不再需要参加原来的学习会等聚会，而是去参加新的更高层次的学习会等聚会，拓展新的人脉。

一般人在拓展人脉时，都倾向于无限地横向扩张，但是，在生意场上这种方式很难取得实效。在拓展人脉的过程中，我们必须对各种人脉关系进行分类，及时进行取舍，否则，过多的人脉关系只会浪费我们有限的精力。特别是当自己的人脉层次得到提升的时候，为了继续向更高的人脉层次发展，就要在各种人脉关系中择优除劣。所以，人脉最好是按照纵向积累的方式拓展。

反思：即将毕业找工作，你是否被用人单位拒绝过？如果被拒绝过，那是什么原因造成的？你打算如何改变这种现状？

项目任务：树立个人品牌

1. 任务目标

通过本任务掌握树立个人品牌的要点。

2. 任务引入

李军是北京某技校的学生，即将毕业。这天中午，他接到一个用人单位人力资源部的电话，对方说他第一轮面试通过了，希望他这个星期六去他们公司接受第二轮总经理的亲自面试。李军既兴奋又紧张：在星期六该怎样跟对方的总经理面谈呢？

3. 任务要求

a. 本任务可在教室里或模拟场地里进行。

b. 任务应分组进行，可以4人一组，其中1人扮演刘军，1人扮演对方总经理，1人扮演对方人力资源部办事员，1人进行监督和评价。每个人都要轮流扮演刘军。

c. 每个同学最好都能按照任务内容设计演练的脚本(包括情节和台词)，并给本小组成员分派角色。

d. 每个同学在演练过程中一定要严肃认真，言行符合规范。

e. 在实际演练时，老师可以临场发挥，比如增设模拟角色和任务，或全体同学一起对某一小组的演练进行评论。

4. 任务实施

根据实际情况练习树立个人品牌的要点。

5. 任务评价

自我评价	同学互评	老师评价

第六章　沟通的基本功

第一节 “听”的方法

无论是什么人，都要说话，也要听别人说话，因为表现自己与认识自己是我们人类的本能之一。而语言正是我们人类相互之间交流思想、表达感情最基本的工具，所以，尽管有些人说话说得不太好，词不达意，但并不一定讨人嫌，因为有许多人就喜欢听别人说话。让别人说出自己的心里话，从而得到一种精神上的自我表现的满足。

人们的交流是从“听”开始的，所以有“听比说难”的老话。但是在交谈中，有不少人在对方讲话的时候，并没有思考对方正在说什么，而是在想自己接下来要说的内容，因此，做一个“好的倾听者”比做一个“好的说话者”更难。

与“说”相比，“听”难就难在不仅要熟悉对方“说”的习惯，而且要能听出对方所说话的言外之意。所以说，要想“听”好确实不是一件容易的事情。

一．小声附和对方

当对方说到关键的地方或者快要说完的时候，你应当点头或者小声附和，表示同意对方的观点；如果在对方说话时，你毫无表情，无动于衷，那对方就不明白你究竟是不是听懂了他说的意思，所以，当对方说话时，你无论如何都要有所表示，让对方明白你已听懂了他的意思。作为倾听者随声附和是重要的动作之一，把握时机恰到好处的随声附和能够使对方说话更加积极。附和对方不仅可以用语言，还可以用眼神、表情、态度等表示。如果只是表面的随声附和肯定会被对方看出。所以一定要发自内心地附和对方。如果你的附和不自然，就会给对方很生硬的感觉，所以要始终以自然的态度附和对方。

二．看着对方的眼睛

在听对方说话时，最好看着对方的眼睛，这是“听”的诀窍。当对方与你说话时，你总是望着头上的天花板，头脑里想着另外的事，对方肯定就会对你产生反感，因为他觉得你不信任他和不尊重他。相反，在对方说话时，如果你一直看着他的眼睛，那么，对方就会自然而然地对你产生一种亲近感。

有些人在听对方说话时，虽然也是一直看着对方的眼睛，但心里也还是在走神，想着别的事，那对方能从你呆滞的目光中看出你心不在焉，这样，事情的结果会变得更糟。

三. 让对方说完

在听别人说话，特别是在接受上司指示的时候，还有一条重要的原则，那就是一定要让对方把话全部说完。对方在与你说话时，如果你总是中途插话，对方肯定会反感，这一点就与你讨厌别人打断你的说话是一个道理。如果你对别人说的话有什么疑问，不要急于提问，可以先把疑问记下来，待对方说完之后，再把自己的问题一个一个地提出来。

四. 重复对方要点

特别是在接受上司的指示时，当上司说完之后，别忘了将对方所说的要点重复一遍。尤其是一些有关时间、地点的事项，一定要重复一遍，以免出现差错。

五. 不要问得太急

对方说话的时候，你先把自己的疑问记下来，待他说完之后再提出来，但是，提问也要注意分寸，对方刚说完，还没有喘口气，你就像挺机关枪似的把问题一个接一个地向他提出来。这样，对方就会感到恼火，因为接受别人的提问都需要一个心理准备过程，所以，提问不能提得太急。

别人在讲话的时候，如果你常常提问题，会让他认为你在注意听他讲话，觉得话题非常有兴趣。人讲话时最害怕的是对方一点声音都没有，因为自己不知道对方对这个话题有没有兴趣。所以与人沟通时，不要只会听，不时地提问一两句，这样他会非常愿意一直往下讲，而且会说出你想知道的内容。

第二节 “说”的方法

在我们的日常工作中，相互交谈或报告演说，对“说”都有一定的要求。那么，“说”的好与坏的标准是什么呢？很简单，就是看对方是否完全明白你的意思。

一．语言通俗易懂

在工作中我们经常要与各方面的人打交道，这些人不只是本公司的，也有外单位的，所以，说话时在语言上要有所区别，有些简称和略语在本公司里已约定俗成，如果不这样说，可能反而显得不自然，但是如果对外单位的人也这样说，则有可能让对方莫名其妙。

一些刚进入职场的人对自己在学校里所学的专业有一种自豪感，所以在说话的时候，不时说出几个专业名词来，这是完全可以理解的。但是，当你与同事或客户沟通时，最好不要用专业术语，因为你沟通的目的不是为了炫耀自己的学问，而是让对方了解自己的意思。在沟通时，遇到专有名词，尽量将它口语化，让大家都能听得懂你的意思。

二．看对方的眼睛

在自己说话的时候，最好也看着对方的眼睛。如果你在说话的时候，目光游移，东张西望，不仅是一种缺少涵养的表现，而且对方有可能怀疑你没有诚意，信不过他。不过，你也不能死盯着对方。

三．掌握节奏

不管是向上司汇报，还是与同事或客户交流，都要注意说话的节奏。虽然彼此都很忙，希望对方快点把话说完，但若你说话速度太快，有时你以为自己说完了，可对方并没有真正去听或认真理解。即使理解了，也没有余地思考，所以很难达到有效沟通。在你说话的时候，一定要注意对方的表情和反应，随时调整自己说话的节奏，以免出现对牛弹琴的现象。

为了提高“说”的技巧，新员工要把掌握说话的节奏当作一项基本功来练，做到见缝插针。在日常工作中，必须注意自己说话的语调，因为一个人说话的语调往往能反映他的整个精神状态。人们常常评价某人的语言富有感染力，实际上就是说他注意了语调，抑扬顿挫，富于激情。如果你做到了这一点，那么，你不仅能给谈话本身带来一种亲切的气氛，而且还能缩短你与对方理解上的距离。

第三节　肢体语言的运用

人们在交流沟通的过程中，并不只有语言在传达信息，交流信息的要素很多，比如，说话时的重音、口齿是否清楚等因素，都作为准语言在影响谈话的效果，甚至连衣着打扮也作为一种沟通工具在向对方发出某种特定的信息。有时，你找同事沟通，他一言不发，这种沉默实际上也是一种“语言”。这些都可以说是“肢体语言”在起作用，所以，我们不仅要熟悉基本的肢体语言，还要能运用肢体语言帮助自己达到最佳的沟通效果。

一．肢体语言的含义

肢体语言(body language)又称身体语言，是指运用身体的各种动作代替语言以达到表情达意的沟通目的。哈佛大学曾经对人的第一印象做了行为研究报告，报告指出：在人的第一印象中，55% 来自肢体语言，37% 来自声音，8% 来自说话的内容。

二．肢体语言的意义

在沟通中如果没有肢体语言的辅助，那他就会显得非常拘谨；当然，过多或不合适的肢体语言也会让人望而生厌，只有自然和自信的肢体语言才会让人们的沟通更加自如。人们通过眼神、手势、面部表情、动作以及身体姿势表达出的各种含义，其效果远远超过语言本身。比如，你用微笑和伸手表示自己非常友好，用皱眉和严肃的表情表明自己不满或兴趣不大，对方都很容易感受得到，可以说“此时无声胜有声”。

三．常用的肢体语言

人类肢体语言的“词汇”非常丰富，比如在交谈中，对方一直在仰视你，那就表示他对你的尊敬和信赖；如果他手撑下巴，那就表明他正在思考；如果他站在你面前双臂交叉，那就表明他对你有强烈的优越感……如果对方总是不开口，那实际上也是一种语言，也是一种表态。

人们在沟通过程中，利用肢体语言交流的信息超过了一半。在所有的肢体语言中，眼神和表情最为重要。

1. 眼神

黑格尔说：人们从眼睛里可以认识到内在的、无限的、自由的心灵。一个人的目光可以传递各种不同的信息。眼睛是心灵的窗户，最能反映一个人的真实感情和想法，想伪装都很难。你如果希望尽快取得对方信赖，进行有效沟通，那你就不要斜视或由上向下看对方，最好尽快调整身体正面向着对方。当你带着欢喜、欣赏的眼神来看对方，一般情况下，对方也会用诚实的眼神回馈你。由于社会环境复杂，人们都学会了伪装，包括用肢体语言来伪装自己，但是，人的眼神是无法伪装的，所以，要了解对方的真实想法，最好看对方的眼睛，当然，也不能一直盯着对方的眼睛不放。

在日常工作沟通中，我们应学会用眼神配合沟通内容的变化，从而提升沟通的效率。

(1) 环视：视线有意识地自然流转，这样你可以迅速地了解对方对你的话感兴趣的程度，以便及时调整说话的内容。

(2) 专注：即目光注视对方某一个部位，如看着对方的眼睛，从而保证对方能及时理解你所表达的意思。如果对方有疑问，就投以引导性的目光，使其渐渐稳定；如果对方欲言又止，就投以赞许的眼神。

2. 表情

如果说眼睛是心灵的窗户，那么表情就是心灵的外观。如果你不是一个善于控制情绪的人，那你的所有情绪都显露在脸上。表情可分为喜怒哀乐，但在沟通过程中，最重要的表情就是微笑，它是人际交往中最有效的通行证。当你面带微笑准备与同事沟通时，你实际上已向对方传递了这样的信息：我很信任你；我愿成为你的朋友；我们会合作得很愉快。面带微笑是自信的体现，是礼貌的表示，是坦诚的象征，是拉近你和对方距离的最简单有效的方法。

我们一定要时刻保持微笑。如果你还不会微笑，那你就要强迫自己学会微笑。比如，当你一个人独处的时候，给自己哼一支小曲，就好像你很快乐的样子，或许这样能使你快乐起来，从而使你学会微笑。当然，微笑的前提是乐观，热爱自己的生活。

由于人的表情是内在情绪的反映，所以，最好学会识别各种通过眼睛、眉毛、嘴巴以及面部肌肉的变化所表现出来的表情，以便及时调整自己的沟通方式。

(1) 眉毛的形状

眉头皱起：不愉快、迷惑、讨厌，不赞成，有时表示为难、陷入困境

眉毛上扬：妒忌、不信任

单眉上扬：传统性怀疑、不理解

双眉上扬：非常欣喜、极度惊讶

紧锁眉头：深思问题

双眉下垂：沮丧、悲伤

双眉倒立、眉角下拉：极端愤怒，异常气恼

眉毛迅速上下活动：心情愉快，内心赞同和亲切

眉毛下垂且嘴唇紧绷，头及下颌向前挺起和对方怒目相视：冲突、挑战、敌对

(2) 口唇变化

嘴角上翘：豁达、随和、易被说服

嘴角下撇：性格固执、刻板、非常计较，不好说话

抿住嘴唇：意志坚决，不愿意暴露内心想法

撅着嘴：不满意或准备攻击对方

唇角向后缩：对你说话感兴趣，在倾听

倾听时咬嘴唇：自我责备、自我解嘲、自我反省

掩口而笑：性格内向

向上吐烟：比较自信，有主见，地位优越

向下吐烟：沮丧、犹豫、心情不佳、信心不足

(3) 耳鼻体态

下巴向上，鼻孔朝向对方：蔑视对方，瞧不起对方

摸着鼻子沉思：内心斗争激烈，犹豫不决

说话时摸鼻子：不相信说话者，在考虑如何应付

倾听时用手摸耳朵：自我欣赏或要打断对方

(4) 头部体态

点头：对，赞同

摇头：错，不赞同

低头听：审慎地听对方的话、多倾向于否定

垂头：苦恼或丧气

3. 声音

有人说：声音是人的第二张名片。在日常工作中，人们往往能通过声音的变化甚至细微的变化来判断对方的情绪、性格。比如，早晨见到上司，你打招呼时声音高一点，就可以给上司以你心情愉快的感觉；如果你在回答上司的提问时说话的音量太小，你就有可能让上司感觉你不自信。

声音由语调、音量和语速三个要素构成。

(1) 语调

语调是人们说话时语气和声调的变化的结合，它包括了声音的速度、节奏和音调的高低等。语调不仅蕴藏了丰富的沟通信息，也包含了丰富的感情。不论我们是在面对面地沟通，还是在打长途电话，我们说话的语调都在不知不觉中传递着我们的内在情绪。如果你匆匆挂掉对方的电话，那就表明你不耐烦了或看不起对方。有些电话让你不忍放下话筒，可能是因为对方亲切热忱的语气，或是悦耳动听的声音。

人们在沟通的时候，经常需要借助自己的语调来表达比自己说的话更多的具体内容和信息，也就是说，语调实际上也是说话内容的一部分。语调就像说话者的表情一样，向对方传达着某种言外之意的感染力。当你听到一个人的电话时，如果他的语调热情，那么你即使没有见到他，也可以判断出他很高兴；但是如果他的口气很平淡，那么即使他告诉你一件值得高兴的事情，你也会认为这没什么好高兴的。

沟通能力很强的人的语调总是富于感染力的，它能拨动对方的心弦，引起对方的共鸣。有些员工并没有意识到自己的语调有问题，或者他们认为语调和嗓音一样都是天生的。没有语调或语调不当的声音会让对方很麻木，失去对你说话内容的兴趣，因而不把你说话的内容放到心里去，这样的沟通很难产生你要的效果。

我们一定要学会控制自己的语调，使它成为自己有效的沟通工具。如果你认为自己现在还不能熟练地控制语调，那你就要加强这方面的训练，比如，你可以先请教同事或家人，请他们说出对你“语调”的真实感受。

语调的类型主要有四种。

用来表示惊讶、反问、设问、号召、鼓动、命令等，一般用升调；

用来表示自信、肯定、祈使等，一般用降调；

用来表示感叹、讽刺、愤怒、思索、怀疑、幽默等，可用曲调；

用来表示说明、叙述、解释等，则可用平调。

(2) 音量

音量的大小也影响沟通的效果，但这不是说音量本身具有威慑力和影响力，因为“有理不在声高”。相反，如果声音过大只会让人讨厌。与音调一样，每个人说话声音的大小也有其范围，你可以找一两位同事试着发出各种音量大小不同的声音，让他们仔细听听，帮你找到一种合适的音量。

(3) 语速

沟通的过程是一个传递信息的过程，如果你说得太快，对方就有可能听不清楚，而且你源源不断的语言信息也会让对方难以领会和理解；如果对方长时间处于这样高度紧张的状态，就容易感到疲乏和厌烦。

4. 手势

手势语在日常沟通中使用频率很高，范围也比较广泛。它们可以代替语言，可以起到强调的作用，可以缓解紧张的情绪，所以，员工不仅要学会识别“手势”所表达的内容，还要学会运用“手势”以提高沟通的效率。

在运用手势时，一定要注意明确精练和自如和谐，从而自然地体现你的个性和完整地表达你的意思。明确精练是指你挥手指点，要有内在的根据和清楚的用意，要注意用较少的手势去衬托、突出、强调关键性的话语，增强信息沟通的精神度和效率；自如和谐，指手势同有声语言要有内在的联系，巧妙的呼应，既不能故意造作、无中生有，也不能死板呆滞、机械笨拙；体现个性，是指运用手势配合表达的时候，应当显示个人风格，显示个性特征，手势的活动同说话人的性格、气质是紧密相关的。

手势传递的信息大致如下。

手摸后脑勺：尴尬，为难，不好意思

用手挠头：困惑，麻烦，不满

握拳：愤怒，紧张，挑战，情绪激动

双拳频频捶胸：“悲痛”

以拳击掌：将发起攻击，或果断决定

并拢三指摸额头：害羞，困惑，为难

双手指尖并拢抵住下巴：充满信心，对对方讲话感兴趣

双手指尖并拢插在大腿中间：心情平静，愿意听对方讲话

双手舞动：高兴至极，得意忘形

双手相搓：急躁

双手叉腰：挑战，示威，感到自豪

双手摊开：真诚，坦然，无可奈何

双手插在口袋里：内心紧张或处事冷漠，玩世不恭

手臂交叉放在胸前：胸有成竹，有思想准备，不愿与人接触

交谈时用手玩身边的小东西或做小幅动作：不感兴趣，不耐烦，不赞同，紧张不安

竖起大拇指：赞叹

伸出小拇指：“贬词”，鄙视或瞧不起人

四. 不良的肢体语言

在沟通过程中，我们不要手臂交叉、手插口袋或者总是接触某物体，这些都是透露消极情绪的不良肢体语言。比如你双臂交叉，就表明你非常警惕，在防范对方。在沟通时要注意不要出现以下的动作：两臂交叉相抱、手插在兜里、慌慌张张、转笔、弹指或看自己的手表、眼珠乱转、打呵欠、面对面谈话时收发邮件、无精打采、擦眼镜或诸如此类的动作。

反思：你在与周围的人沟通时，是不是总是喜欢“插话”以急于表明自己的观点？你这种喜欢打断对方谈话的习惯是否给对方带来过不愉快？如果是，你该如何改变这种现状？

项目任务：与同事交流

1. 任务目标

通过本任务掌握与同事交流的要点。

2. 任务引入

刘军是爱玛化工(沈阳)公司销售部的新人。他明天将跟随自己的“师傅”老陈第一次上门拜访客户，所以，下午，一上班老陈就嘱咐刘军做些客户资料准备，并在下班前与他谈一谈。下午如何与老陈交流，自己有哪些问题需要向他请教，整个下午刘军都在琢磨这些问题。

3. 任务要求

a．本任务可在教室里或模拟场地里进行。

b．任务应分组进行，可以3人一组，其中1人扮演刘军，1人扮演老陈， 1人进行监督和评价。每个人都要轮流扮演刘军。

c．每个同学最好都能按照任务内容设计的脚本(包括情节和台词)演练，并给本小组成员分派角色。

d．每个同学在演练过程中一定要严肃认真，言行符合规范。

e．在实际演练时，老师可以临场发挥，比如增设模拟角色和任务；或全体同学一起对某一小组的演练进行评论。

4. 任务实施

根据实际情况练习与同事交流的要点。

5. 任务评价

自我评价	同学互评	老师评价

读书笔记

第七章　与上司沟通的要点

第一节 倾听的要点

一．成为会“听话”的部下

在一般人眼里，“听”就是用自己的耳朵接收对方发出的信息。其实，真正会“听”的人，不是单纯地接收对方的信息，还要表现出自己对内容的关心，并及时做出回馈。听力是职场白领最重要的技能之一。

倾听的关键是在对方说完之前不要否定其说话。如果对方在说话时被你中途插话打断，就会兴趣索然，甚至感到自尊心受到伤害。特别是对上司，如果你中途插话，他会觉得你非常没有教养，所以，这一点一定要注意。

当你自己说话的时候，你肯定希望能按自己的节奏和方式表达自己的意思。基于同样的理由，在你听对方说话的时候，就应配合对方的节奏。在这个时候，一定要控制住自己内心那个有强烈表达欲望的“自我”，做到胸襟宽广。在听的时候，不只要注意听，还要表现出对对方所说内容的浓厚兴趣。特别是对上司来说，如果你表现出对他所说内容的浓厚兴趣，那你在他眼里就变得非常可爱了，这对改善双方的人际关系非常重要。

“听”绝不是一种被动的行为，你“听”的态度在很大程度上决定了对方说的兴趣。如果你“听”的兴趣盎然，那对方说的兴趣也会盎然；如果你“听”得索然无味，那对方说的也就索然无味。所以，在听上司说话的时候，一定要聚精会神，根据对方所说的内容，不时点头，或者说“是”，以表示对上司谈话内容的兴趣。

二．回答时别只说一个“是”

除附和上司谈话时只说一个“是”字外，在回答上司的问题时，不要只说一个“是”，最好说“是，我知道了”或者“是，我也是这么想的”。一定要避免用一个字回答上司的问题。

在英语里有“单音节回答”(mono - syllabic answer)的说法，如“Yes”和“No”。在一般的交流中不用这种方式，因为这种短促的答复就容易被理解为“交流到此为止”。这样很容易造成双方的关系慢慢地冷淡下去。即使连说“是，是”效果也差不多。

三．对上司不能用疑问句

一般来说，上司在听部下介绍情况或汇报工作时，可以不时地说“嗯”或“噢”等字眼，但是，部下在听上司说话时就不宜使用这类字眼，即使“是吗？”“真的？”这类句子也应避免使用，因为这种疑问句有可能让上司感到你不信任他，从而破坏双方的互信关系。上司说完之后，你可以表示“谢谢，我知道了！”或“谢谢老板的指点！”等，不仅要表示理解了上司的意图，而且还要表示对上司的敬意。

第二节　提问的要点

一．看上司是否在忙

“老板，天津李总又来电话问合作的事，我该怎么答复他？”部下在遇到疑难问题时，一般都会这样去请示上司。但是，如果上司正在忙碌的话，他就会讨厌部下给自己提这种比较模糊的问题，因为对这类问题，他不能简单地回答“是”或“不”，他要先花时间去了解你所提的问题的来龙去脉。

在上司忙碌的时候最好用以下几种方式提问。

a．用“是”或“不是”提问。

b．用“是吗”提出问题，请上司确认。

c．用“不是”提出问题。

d．可以用数字回答的问题。

e．可以用事实回答的问题。

f．可以用选项回答的问题。

用“怎么办才好”这种方式向上司提问，上司可以根据自己的看法自由地回答你，这对部下全面了解上司的态度或方法，从而处理好自己面临的疑难问题的确非常重要。但是，你这么提问时，应该考虑到上司的实际情况。如果上司很忙，你问他“关于这个问题，我该如何处理？”他就要停下手中的工作来思考你提出的问题，这就浪费了他的时间。对特别忙的上司，为了尽量不浪费他的时间，一定要注意提问的方式。比如，提的问题不模糊：“我用这样的方式处理，您看可以吗？”对方只要加以确认就可以了。也就是说，与“我该怎么办？”这类提问相比，“我用这样的方式处理，您看可以吗？”这种提问更具体，因此上司更容易回答。

从上司的角度来看，如果你总是提这种开放但又模糊的问题，他就会对你产生反感：“这家伙怎么一点脑筋都不动，遇到一点难题就上交给我？”因此，为了提高与上司沟通的有效性，在向上司提出“怎么办？”的问题之前，把问题更具体化一些，并把自己的意见也提出来，供上司参考。

二．不质问上司

在向上司提问时，不能用质问、追问甚至责备的口气说话。

“经理，这项工作为什么不让我参与？”“经理，我的出差申请交给你三天了，怎么还不给我批复？”一些部下总喜欢用这种口吻与上司说话。这种提问的方式实际上就包含了这样的意思“经理，你是不是信不过我？”或“经理，你是不是在故意刁难我？”所以，尽管你可能只是想表达自己的意见，但在上司听来，你这种口吻明显是在责备他。

对于部下包含责备口气的提问，一般的上司不会直接答复。有的没办法当时直接回答，更多的是考虑自己的面子不愿意回答。所以，作为部下，即使你认为有必要得到明确的答复，也应冷静地考虑提问的方式。

即使与同事交流，也尽量避免用质问的口气与对方说话，因为质问或责备不仅不能带来有效沟通，反而会让对方更反感，给沟通设置更多的障碍。所以，与自己的上司沟通，一定要注意不用质问或责备的口气说话。

在与上司沟通时，最好避免用“为什么”作为开头来提问。对于你问，你用“为什么”开头可以提高思考问题的深度和有效性，但在上司看来，你这么提问不像是在寻求正确的答案，更像是在否定或责难他。

既不能给上司以责备的印象，又要让上司帮自己解决问题，在这种情况下，最好的办法就是将“人”和“事”分开。

问“人”：“经理，您为什么还不批复我的出差申请？”

问“事”：“经理，我的出差申请还批复不了，是不是有其他的原因？”

这样问没有质问上司，也避免了给上司咄咄逼人的印象。

如果问题不是很尖锐或敏感，有时也可以多问一下，不过，大多数上司不喜欢部下对某个问题进行追问。你越是追问，上司心里越反感，就更不愿意回答你的问题。

欲速则不达。如果你想得到上司的答复，倒不如先用表扬性的语言赞扬上司，然后介绍自己的想法，通过聊天的方式让上司说出自己的意见。

根据不同的场合用不同的方式向上司提问，一旦发现上司对自己的提问方式不感兴趣就要马上变更提问方式，这种能力不是一朝一夕能形成的，所以，即使在上司面前碰壁，也不要垂头丧气。

三．提问之前做好预案

“只要有不明白的地方，你随时都可以来问我！”一些热心的上司经常这么说。部下在工作中遇到难题，当然多是向上司请教。但是，在实际工作中，当你遇到难题时，还是应多想一想，除了向上司请教，自己还有没有其他的选择？比如，是不是可以向其他的老同事请教？

虽然上司说了“什么问题都可以问”，但是，如果连一些最基本的问题都去问上司，他可能会在心里骂你：“连这么简单的问题都不知道，看来这小子没长脑袋！”因此，在向上司提问之前，自己先要想好：这个问题上司能不能回答？非问上司不可吗？是不是可以向同事或客户等其他适合的人请教？自己先把这些问题想清楚，是你向上司提问的前提。

作为新员工，在工作中遇到难题后，不要急于找上司或老同事请教。你先把这些问题列成表，然后按顺序对这些问题一个个地思考，看自己能否找到解决的办法。如果自己解决不了，是否可以找其他同事而不一定找上司？如果一定要找上司，那要考虑一下上司有没有回答你问题的能力、知识、时间和心情？一定要养成换位思考的习惯。如果你觉得上司目前也不一定能回答自己的问题，那就先不要追着上司提问。

四．注意提问的时机

上司正皱着眉头在那里想问题，部下走过去跟他打招呼：“经理，我有个问题想请教您一下。”在这种情况下，不客气的上司多会这样说：“你长没长眼睛，没看见我正在忙着吗？”最温柔的回答也是：“这事回头再说！”

要想得到上司的有效回答，那就必须选择合适的时机向上司提问。什么时候才是合适的时机？这要根据实际情况来做判断。比如，你送文件给上司，他正在阅览文件的标题时，你可以提问：“经理，我有个问题想问，您现在方便吗？”相反，如果上司正在处理紧急工作，比如，他一边打电话一边做记录的时候，你问上司：“经理，对不起，打断一下，我现有个问题解决不了，麻烦您给我指点一下。”那上司肯定会认为你脑子进水了。

第三节　表示敬意和感谢的要点

一．在表示感谢的同时表示敬意

在表示感谢的同时也应表示敬意，这并非只局限于对自己的上司，可以说它是所有员工应掌握的常识。

在表示感谢的同时也表示敬意，这种将“感谢”和“敬意”的叠加，会出现“1＋1＞2”的效果，从而给对方带来更大的感动。

通过利用上司的资源完成任务或使自己取得进步，在心里对上司充满感谢之情的同时自然会对上司充满敬意。但是，很多人喜欢含蓄，不愿将自己这份真实的感情表达出来。但是，对方是上司，他给予了你帮助，表示自己的感激是作为部下最起码的要求，所以，一定要将心中的敬意明确地表达出来。

二．表达敬意与感谢的方法

如何表示自己的敬意，既可用“语言”表示，也可以用“表情与态度”表示。用表情与态度表示敬意属于礼仪的一部分，它是每个公司员工都必须掌握的常识。

可能有些人觉得大家都是同事，抬头不见低头见，讲那么多“礼节”没有必要，即使算不上“虚伪”，也挺累人的。但是，在职场上礼多人不怪，小心驶得万年船。比如，你对上司表示敬意与感谢后，上司可能会说“别那么客气”，但是，当你再次向他表示敬意与感谢时他内心还是相当满足。礼仪一般是双向的，但是，部下对上司的礼仪更重要。

三．用语言表达敬意和感谢的方法

用语言把对上司的敬意直接表达出来，这一点非常重要。表达敬意，就是把自己看到的上司身上的长处和优点告诉上司。比如，你通过上司的帮助终于完成了自己的工作，就对上司说：“谢谢您的帮助！”上司听到你的感谢，心里自然会很高兴。但是，这是一般稍有教养的部下都能做到的。发现了上司身上优秀的地方，就用简单朴素的语言告诉对方，这是一种非常有效的“表扬”，它能引起上司心理强烈的共鸣。表扬上司有以下几种方法。

1. 表扬事实

上司表扬部下的时候，一般都是用这种方式："你写的这份报告，第二部分的建议很有价值。"由于上司说得很具体，部下就觉得上司很重视自己的报告，留意了每一个细节，所以，相互信赖的关系又加深了。

部下表扬上司的时候，最好也以表扬具体的事情为主，当然，有时候也是比较模糊的，比如，部下可以这么表扬上司："这一段时间由于得到您的大力帮助，我觉得自己进步很快，因此非常感谢！"

但是，上司的哪些指导有效，双方都可能不太知道。而且，如果说这部分指导有效，那是不是就意味着另外部分指导无效呢？因此，应根据上司的个性特点和当时的具体情况来表扬上司。

2. 表扬要及时

表扬上司和向上司提问一样，在时间上要把握好。大多数上司都很忙，他们没有很多时间与精力来与部下做细致的沟通，所以，如果不把握好时机，你表扬得再好，上司也可能听不进去。比如，部下说："经理，这件事真的非常感谢您！"可经理连头也没抬起来，继续看自己的文件，只是在口头上应付部下："哦，是吗？"

另外，表扬应该在事情完成的时候进行，如果过了几天甚至几周后再去表扬，那就是"马后炮"，已经失去了意义，上司可能会因莫名其妙而反问你："你说的是什么呀？"

如果要表示自己的感谢、敬意和收到礼物时的谢意，最好在事情刚刚结束时进行。

3. 表扬要发自内心

有很多人在表扬别人时会感到羞涩，不好意思开口。其实，只要你是想真心表示自己的敬意就行，在很多时候，那些平凡朴素的语言比华丽的辞藻更能打动人心。

如果你是一个比较害羞的人不习惯表扬别人，那你就不能真实地表达自己的敬意与感谢之情，这对于你建立起和谐稳固的人际关系，特别是与上司建立起互信关系不利，所以要改变自己。当你想要表达自己的敬意而又难以启齿的时候，你不妨把这份敬意想象成一种工作建议，这样你就会自然而然地说出口了。反复练习几次，你自然就会流畅地表达自己的敬意了。如果在表扬上司的时候还是有些紧张，那就事先找个地方练习一下。

表扬上司最好按照上司的习惯和个性来进行，有的上司喜欢你用华丽甚至有些夸张的语言表扬他，气氛热烈；有的则喜欢你用朴实但准确的语言表扬他。那些善于表扬上司的部下，在表扬上司的时候都能恰到好处地把握上司的习性和情绪。

4．不伤害对方的自尊心

在表扬上司的时候，有一条重要的原则，那就是不能伤害上司的自尊心。有些部下本来想赞扬上司，可话说出口之后，却伤害了上司的自尊心，这种现象在日常工作中并不少见。比如，上司加班加点赶出一份会议文件，部下看后说："经理，没想到您的文笔这么好！"这与其说是赞扬，倒不如说是贬低上司。看见上司从外面拜访客户回来，部下忙说："经理，您辛苦了！"这本来是表示关心，但在上司听来却像对方成了自己的老板。所以，部下表扬上司的时候一定要注意遣词造句。

5．表扬时要注意肢体语言的配合

在向对方表达感谢之情和敬意的时候，不仅要慎重地遣词造句，而且要注意自己的表情和动作，因为它们同样会影响对方的心理感受。

人们在沟通过程中，不只有语言和表情在影响沟通效果，还有其他一些非语言的要素也在影响沟通效果，所以，在沟通过程中，要根据不同的场合、时间和对象选择不同的沟通方式。

即使是同样的一件事，如果你用不同的方式汇报，上司在心理上的接受程度也是不一样的。过分依赖语言的沟通也是危险的。由于网络的发展，同事之间在网上沟通的频率越来越高，无论你的文字功底多好，总会有让对方产生误解的时候。

人的五官其实都参与了沟通，所以，沟通不只是语言在发生作用，我们应有效地利用五官的功能，使我们的沟通变得更加有效。

第四节　报告的要点

一．站到上司的立场上去

在日常工作中，上下级之间因为关系融洽而有可能显得随意，不一定都需要正式。但是，下级在向上级进行报告、联系和商量问题等日常交往时，就不能太随意了，并应习惯性地站到上司的立场上去思考问题，了解上司正在准备什么工作，需要什么样的信息，什么样的信息能让上司工作起来游刃有余。比如，公司一个大客

户因为不满意公司的售后服务而准备与竞争对手合作，出了这么大的事，公司老板一点信息都不知道，那就说明部下没有事先把信息提供给他，工作有问题。如果上司对部下说“多亏你及时的建议”，那就说明部下把提供信息的工作做到了前面。

二、负面消息尽早报告

无论是上司还是部下，双方都应该意识到平时多交流的重要性，不要以为没出什么事就不需要交流，如果要等到出事之后再去交流可能就晚了。

发生问题的时候，部下推迟向上司报告，或者在报告时用一些含糊的词句掩盖事情的真相，都是不负责任的行为。

上司从部下那里听到负面消息的报告后，很多人的第一反应就是：“事情都到了这个地步，你怎么不早说？”在他们的潜意识里，部下不尽早把负面消息向自己报告，就是为了逃避责任。这不仅不利于上下级之间的互信，也不利于整个部门或团队工作的展开。

如果上司能从部下那里尽早听到负面消息的报告，他就能尽可能早的采取应对措施，将问题消灭在萌芽状态，这实际上也是对部下的一种保护。所以，当部下发现自己工作中有“坏的苗头”出现的时候，应老老实实地尽早向上司报告。纸是包不住火的，包的越久对自己的伤害就越大。

第五节 提建议的要点

一. 不能伤害上司的自尊心

部下给上司提建议是建立起良好的上下级关系的一个重要途径，但有一个重要的前提，那就是不能伤害上司的自尊心。部下想把自己的一些想法付诸实施，不仅要向上司报告，而且要变成具体如何实施的“建议”。部下在提建议时不仅不能伤害上司的自尊心，还不能剥夺上司的选择权。

提建议与前面提到的部下向上司提问一样，如果部下总是强调自己的意见或想法，就很容易让上司产生反感。即使上司勉强接受了你的建议，也给人一种轻视上司的印象，这为以后的交流带来潜在的障碍，影响双方的互信。最终结果可能是上司应付了事。由于得不到上司的真正支持，你的建议也是只开花不结果。比如，你对上司说：“我这个提议就应该通过！”即使这是个不错的建议，上司也会很难接受。如果你换一种说法：“就这个问题我想了很久，觉得可行性比较大，经理，您觉得如何？”由于你表现的非常尊重上司，所以不仅上司接受起来很容易，而且也容易与上司建立起互信的关系。

二. 根据建议的内容采用不同的方式

建议有各种各样的类型，作为有代表性的类型，主要有如下几种。

(1)“……您觉得怎么样？”一般性的建议

(2)“……这样不行吧？”引导上司说“是”的建议

(3)“A和B，还有C三种方案，您看哪个合适？”让上司从选项中挑选的建议

(4)“您考虑其他还有什么样的方案？”增加选项的建议

(5)“……也有这样的方案，您觉得怎么样？”改变角度的建议

(6)“……关于某某方案，您的意见如何？”征求意见的建议

建议的类型不只这六种。如果能根据实际状况有效地灵活运用， 将大大提高沟通的效果，增加与上司的互信。

三. 给上司留“补充”的机会

一个建议应当方方面面都考虑周到，以便切实可行，但是，又不能太周到，让

上司只说个“是”就行了。如果一个完美的建议是100分的话，那部下的建议最好是95分，最多不能超过98分，因为还要给上司留下“补充和完善”的机会。当你把“95分”的建议提交给上司，上司把它“完善”之后，你要及时称赞上司“画龙点睛”。这样，上司也许会“谦虚”地说“我也只是做了我应该做的”。无形之中，上下级之间的关系就会更加和谐了。

反思：你在与老师和家长沟通的过程中，是不是喜欢说“是吗？”这种疑问句？你这种“质疑”的沟通方式是否给他们带来过不愉快？如果是，你将如何改变这种现状？

项目任务：向上司提问

1. 任务目标

通过本任务掌握向上司提问的要点。

2. 任务引入

玛丽是文峰仪器(天津)公司行政部的实习生。她三个月的试用期已满，按合同规定她早就该转为正式工了。她多次暗示上司希望能给她办理相关手续，可上司总是说自己太忙，而且这事也不急，所以，这事一拖再拖。这天一上班，她就决定一定要找上司谈一谈，把这个问题解决。但是，如何正式向上司提出这个问题，玛丽开始在心里琢磨。

3. 任务要求

a. 本任务可在教室里或模拟场地里进行。

b. 任务应分组进行，可以3人一组，其中1人扮演玛丽，1人扮演上司，1人进行监督和评价。每个人都要轮流扮演玛丽。

c. 每个同学最好都能按照任务内容设计的脚本(包括情节和台词)演练，并给本小组成员分派角色。

d. 每个同学在演练过程中一定要严肃认真，言行符合规范。

e. 在实际演练时，老师可以临场发挥，比如增设模拟角色和任务；或全体同学一起对某一小组的演练进行评论。

4. 任务实施

根据实际情况练习向上司提问的要点。

5. 任务评价

自我评价	同学互评	老师评价

读书笔记

第八章　书面沟通

尽管像QQ和MSN这类的即时沟通越来越方便和普及，但是很多传统的沟通方式，特别是书面沟通还依然非常有用。

第一节　企业文书的分类

一．从形式上分

企业文书从形式上看，可分为信函、报告和备忘录三大类。

1．信函

信函是人们按照一定格式和礼仪用于表达自己愿望或交换信息的文书。事实上，信函并不只局限于对外的商业交流。在形式上，像“请示”、“报告”等传统文书也可以称为信函。

2．报告

这里的“报告”，是指有一定篇幅、内容比较重要的专题文书，诸如“工作计划”、“市场调查报告”等。

3．备忘录

备忘录是为了提醒别人不要忘记做某件事情或提供信息的一种文书，它是公司员工之间最常用的一种交流工具。典型的备忘录都很短，很多时候只有一页，长的也不过三四页。公司员工应该会写各式各样的备忘录——从给上司的电话留言到提醒同事某一项工作，可以说，写备忘录是公司员工一项基本而又重要的技能。

备忘录一般用A4纸打印，或是打印在公司统一制作的备忘录纸上。规范的备忘录示例如下。

收件人：刘婕、李娜

发件人：珍妮

日　期：2009年6月28日

主　题：参加文秘人员培训班

根据行政部马经理的指示，我已为你们报名，参加北京天行健培训公司举办的文秘培训班，请你们按时参加。详尽的日程安排请见附件。

随着企业经营的多元化，企业文书的形式也在不断地变化，因此，公司员工一方面要能适应这种变化；另一方面要掌握文书写作的基本规律，以不变应万变。

二. 从内容上分

企业文书从内容上分，可分为行政性文书、社交性文书、运营性文书和商务性文书四大类。

1. 行政性文书

企业行政性文书主要是由公司行政部门起草用于行政管理的文书，常用的文种有决定、通报、通知、报告、请示、批复、会议纪要、讲话稿、总结和简报等。

2. 社交性文书

社交性文书是公司(或上司)与客户(或朋友)交往的一种应酬文书，常用的文种有请柬、贺信、邀请信、感谢信和唁电等。

3. 运营性文书

企业运营性文书主要是由业务部门起草用于企业运营的指挥、协调和沟通的文书。常用的文种有年度市场营销报告、销售计划、广告计划、市场促销报告、新产品推广方案、企业公关策划报告、商务谈判方案、接待方案和员工培训报告等。

4. 商务性文书

企业商务性文书主要是由业务部门起草用于与客户沟通的文书，它们大多以电子邮件或传真的形式出现，常用的文种有报价函、还价函、邀请函、同意对方担任独家代理的函、答复客户分期付款的函、投诉处理函、催款函、索赔函、投标书和合作意向书等。

当然，这种分类只是相对的，并不是绝对的，有些文书既可以算作行政性文书，也可以归类于运营性文书，比如“计划”，如果是公司员工(或行政)部门规划的公司全年的工作安排，它可以算是“行政性文书”；但如果是市场部制订的全年广告投放计划，那“计划”又可以算是“运营性文书”，所以，如何划分关键取决于“计划”的内容。

随着企业经营的多样化，企业文书的形式和要求也将不断地变化，因此，作为公司员工，不仅要熟记各种文体的形式和要求，更重要的是掌握企业文书写作的内在规律，以随时完成上司交办的各种写作任务。

第二节 企业文书的基本要求

一. 内容正确

如果企业文书的内容不正确，不仅没有效果，而且可能导致混乱，甚至引起纠纷。要做到内容正确就要注意以下几点。

1. 准确

写作企业文书使用的材料必须真实可靠、准确无误，这样才能保证企业文书的价值。否则，不但无益，而且有害，严重的会造成经济损失。

2. 专业

企业文书的写作涉及企业经营的各个方面，内容上具有很强的专业性。只有熟悉某一领域的业务，具备相关的理论和经验，才能写好这类文书。例如，写市场预测报告就要熟悉企业所面临的市场环境，了解客户的需求心理和竞争对手的活动等。同时，企业文书在格式、名词、术语、图式、符号、计量单位的使用上，都有一定的规范，不能随心所欲。

3. 运用数据

企业文书往往大量运用绝对数、倍数、百分数等各种数据。比如：起草年终工作总结报告时，就要用到大量的数据，如合同金额、增长速度等。

二. 主题明确

企业文书要想说明什么问题，主题应当明确，而且要做到严谨，以免引起误解甚至混乱。如果是用电子邮件发送给对方，就要在“主题栏”内清楚表明本邮件的主题；如果是用传真，就要在标题中写明本传真的主题，让人一目了然。

不管是电子邮件还是传真，只要是涉及两件事以上，即使是发给同一个人或同一家公司，原则上都要一事一件。遇到这种情况，可以将每封信函的主题先列成提纲。如果信函的内容被划分成几个小节，那就应在节与节之间都空出一行。

三. 格式规范

虽然企业文书不一定要像党政机关文书那样拘泥于形式，但至少要做到结构完整，因为它代表公司的形象，反映企业的管理水平。

四．针对性强

企业文书一般是针对一件事写一份文书，不能把规定以外的东西写进去。比如写一个准备开展一项活动的通知，就要围绕为什么要开展这一活动和怎样开展等来写。

五．简洁明了

企业文书大多用于商务信息的交流。企业追求效率，所以，它要求文书简洁明了。不仅要求内容简洁明了，而且要求避免使用冗长的句子，这同样会使文书显得明快简洁。多用短句，文书会更加精彩。在不妨碍表达意思的情况下，选择那些简单的词汇，不仅能使意思简明，而且能使文章结构明快。如果把修饰的部分改成直接的陈述，文章会显得更简洁，没有被动语态的句子比有被动语态的句子意思更明确清晰。

六．通俗易懂

谁都不希望自己写的东西枯燥乏味；为了让对方完全明白自己的想法和观点，自然要写得通俗易懂。语言有文字语言和口头语言之分。有些人认为既然是书面的，所以就大量使用书面语言，甚至加进一些文言文，这样做并无过错，但是从容易让对方理解的角度来看，适当用一些口头语言写作，可能效果会更好些。也就是说，你把给对方的信函当作与他面对面的娓娓而谈。这样，对方在读你的信函时，不仅了解了你的观点或思想，也像在与你面对面交谈一样，通过你文字中透露出的口气和神态，对你个人产生亲切感，这样，就改变了文书容易给人态度生硬、公事公办的印象。

第三节 企业信函的基本格式

一．对外信函的基本格式

企业对外信函主要是用于与公司客户之间的沟通。为了取得客户的信赖，在起草信函时就要严格按照对外信函的格式来写，因为信函水平的高低反映一个企业管理水平的高低。作为部下和具体业务负责人，你可能经常要代替上司起草信函。

企业对外信函一般由以下几部分组成。

1. 文号

公司正式的对外信函一定要有信函编号。有些公司为了提高工作效率，在一些介绍产品或答复询价的传真里不要求编号是可以理解的。信函编号一般标在文件的右上角，也可以根据公司文头纸的要求标在正中间。比如，大唐日化（北京）公司销售部给北京大正超市集团市场部要求联合促销的函，就用了“销售部发09008号”的编号。

2. 标题

企业信函的标题往往是信函的主题，如“某某的函”，这样可以让人一目了然。

3. 受理人

信函受理人可以是部门也可以是个人。如果是个人，在姓名之前需要加“尊敬的”之类的抬头称呼。

4. 正文

正文即信函的主要内容。

5. 附件

有些信函的内容比较繁杂，为了不影响受理者的阅读效果，正文的内容只是简明扼要地叙述一下工作，具体的实施办法或细则则作为附件随文而发。

6. 结束语

正文之后，要用“此致　敬礼”或“此致　商祺”等祝福语结束全文。

7. 盖章(署名)

如果信函以部门名义发出就需盖章。有时企业信函也可以个人名义发出，那就用签名(当然也可以盖私章)。至于在个人签名的前面是否加职务或头衔，可以根据企业规定或个人习惯而定。

8. 日期

日期即信函的发出日期。日期一般用“×年×月×日”的形式表示。

企业对外信函例文：

销售部发09008号

关于在“黄金周”联合开展促销活动的函

北京大正超市集团市场部

尊敬的王秋明总经理：

您好！

天高气爽，金秋来临。在一年一度的“国庆黄金周”即将到来之际，为了合作，共同提高市场竞争力，充分利用黄金周这个销售机会，敝公司希望能与贵公司联合开展促销活动，现将活动的初步方案发给您(见附件)。对此方案有何意见或建议，请及时反馈给我们，我们将不胜感激！

附件：联合开展促销活动初步方案

此致

商祺

大唐日化(北京)公司销售部

总经理　彼特(签名)

2009年9月1日

二．企业内部信函的基本格式

一些规模较大、部门较多的企业在内部沟通时也常采用信函的方式。由于企业内部信函只是给本企业的人看的，所以没有必要写得像企业外部信函那样庄重、开门见山，一些表示尊敬的词汇如“尊敬的”和职务都可以省略。企业内部信函主要由以下几个部分构成。

1．文号

正式的信函一定要有信函编号，不太重要的信函可以不用。比如北京唐龙设备股份公司人力资源部给各分公司发的新员工集中培训的通知，就可以用“人力资源部发08009号”的编号。信函编号一般标在文件的右上角，也可以根据公司文头纸的要求标在正中间。

2．标题

企业信函的标题往往是信函的主题，如“某某通知”，这样可以让人一目了然。

3. 受理人

受理人即信函的抬头称呼，可以是部门也可以是个人。一些运营性信函，如市场调查报告，它们没有专门的受理人，可以省略抬头称呼。

4. 正文

正文即信函的主要内容。

5. 附件

有些信函的内容比较繁杂，为了不影响受理者的阅读效果，正文的内容只是简明扼要地叙述一下工作，具体的实施办法或细则则作为附件随文而发。

6. 盖章(署名)

如果信函以部门名义发出就需盖章。有时企业信函也可以个人名义发出，那就用签名。由于公司员工经常是代替上司起草各种往来信函，发文是以部门名义发还是以个人名义发，以个人名义发时前面是否加职务或头衔，应上司的个人习惯而定。有时为了方便联系，在署名后面附上自己的电话分机号码。

7. 日期

日期即信函的发出日期，日期一般用“×年×月×日”的形式表示。

例文：

人力资源部发08009号

关于新员工集中培训的通知

公司各部门及分公司经理：

为了提高公司整体竞争力，公司决定对今年秋季招聘的新员工进行集中培训。有关培训的日程、地点等具体事项详见本通知附件。

附件1：新员工培训日程表

附件2：新员工培训注意事项

公司人力资源部
麦克(签名)
2008年12月12日

反思：你在给老师和同学发邮件时，是不是有不喜欢写“主题”的习惯，即使写也喜欢用“你好！”这种随意的方式来表示？如果是，你该如何改变这种习惯？

项目任务：起草商业信函

1. 任务目标

通过本任务掌握商业信函写作的要点。

2. 任务引入

玛丽是泰勒工程机械(武汉)公司行政部的新人，这天一上班，公司老总就对她说："这里有一份北京国际工程机械展览会的邀请函，我们打算参展，你按照上面的联系方式给对方发个传真。"玛丽接过会展邀请函后，开始琢磨如何回复对方。

3. 任务要求

a．本任务可在教室里或模拟场地里进行。

b．任务应分组进行，可以3人一组，其中1人扮演玛丽，1人扮演上司，1人进行监督和评价。每个人都要轮流扮演玛丽。

c．每个同学最好都能按照任务内容设计的脚本(包括情节和台词)演练，并给本小组成员分派角色。

d．每个同学在演练过程中一定要严肃认真，言行符合规范。

e．在实际演练时，老师可以临场发挥，比如增设模拟角色和任务；或全体同学一起对某一小组的演练进行评论。

4. 任务实施

根据实际情况练习起草商业信函的要点。

5. 任务评价

自我评价	同学互评	老师评价

第九章　商务谈判

第一节 谈判准备工作

一. 收集客户与竞争对手的情报

知己知彼，百战不殆。与客户进行实质性谈判之前，一定要收集各方面的信息，从而增加自己的谈判筹码。

1. 客户的底线

客户在挑选供货商时，肯定会依据性价比，而在性价比中，价格又是一个关键性指标，因此，在谈判之前，最好能试探出客户能接受的价格底线。

2. 竞争对手的策略

在买方市场条件下，每一个客户周围总有几个甚至十几个厂商在活动。他们的报价如何？他们的质量、售后服务怎样？他们在客户那里关系网状况如何？他们采用的是什么战术……在进入正式谈判之前，应尽可能地多收集一些这方面的情报，以便采取相应的预防措施。

3. 公司资源

谈判实际是你与客户和竞争对手三方的较量，谈判桌上风云变幻，各种意外情况都可能随时发生；为了应对这些特殊情况，你可能要打破常规，需要公司在价格、技术、售后服务等资源上给予额外的支持；对于这些资源你是否有把握随意调动？在谈判之前最好与有关方面进行沟通协调。

二. 制定谈判方案

在与客户谈判之前，最好将谈判步骤、谈判内容、谈判要点等问题全部列在纸上，按顺序排列，对每一个问题都做出解决的预案；特别是要对客户有可能提出的问题做出应对的方案。

如果不准备好谈判的方案，占有买方心理优势的客户就会牢牢控制谈判的主动权，你只能被动地被人家牵着鼻子走，处于劣势，比如，你在说明自己给出的价格为何比对手高时，客户就有可能打断你的说话；如果你说的话经常被打断，就很难保持逻辑性；等谈完后，你会发现自己的大部分精力花在与客户纠缠几个无足轻重的枝节问题上，一些原则性的问题根本没有被提及。如果有完整的谈判方案，当客户提出疑问(有时是故意转移你的注意力)后，你只作简单的回答，就能马上回到原来的问题上继续谈判。

你应自己学会控制谈判的节奏，自己每说明一个问题，就要停下来，看看客户有什么反应。不要将问题一次全部说出来，问题一个一个地讨论，一个一个地解决。在第一个问题没有解决之前，不要提出第二个问题，否则你就会陷入被动。

第二节 报价的原则

一、报价必须慎重

你可能会接到一些询价电话，在一般情况下不要在电话里给对方口头报价。如果对方说很着急，那你可以说自己的新报价单正在打印等，不要马上给对方报价；反过来，你要通过这个电话了解对方的情况，比如，对方是经销商还是直接用户，有多大规模、实力如何、办公地点、联系方式等；另外要了解对方的进货量，因为不同的量有不同的折扣率；而且，对方还有可能到你的竞争对手那里询过价，你也最好顺便问他们报的是什么价，在这些问题基本搞清之后，答应很快用传真或电子邮件的方式把价格报过去。

对方对你的报价有反应之后，你也不要急于与其讨价还价。如果条件允许，你应登门拜访，与对方直接接触，了解对方的谈判风格和谈判能力，看对方是不是真心要进你的货等。在做到知己知彼之后，再制定具体的讨价还价策略。

即使给老客户也要养成书面报价的习惯，而且，在报价之前，要考虑他们这次进货量的多少、以往的成交价是多少、目前同行出的价位是多少、负责进货的人对价格是不是很敏感等因素。只有在综合考虑各种因素之后，才能确定自己的报价策略，即最先报什么价，最后成交价应该不低于什么水平。

如果是一家过去从来没听说过，更没接触过的客户要求你报价，并且进货量不少，那你报价就要小心。在报价之前，最好用传真与客户联系，证实他们是不是真正的买家。只有证实了对方是真正的客户之后，才能给对方正式报价，否则，你有可能是在给自己的竞争对手做“义工”。

要证实对方是不是真正的买家，应在放下电话后再与对方联系(证实对方给你留的电话是不是真的)，了解对方从事该行业的时间、主要客户对象、年销售额等情况，如果对方对于你的问题能一一回复，一般来说他是有诚意的；这时你还应对他们的公司和网站进行研究，看看他们的实力和规模，并说明你准备带着资料和样品去拜访他们，看对方的反应。如果是有诚意的客户，一般都会欢迎你去；如果只是想了解你的底价，一般会找借口婉言谢绝。

现代社会是一个竞争非常激烈的商业社会，对于一些不合常理的询价，你必须多问几个为什么，不能见风就是雨。有些公司本来没有诚意经销你们的产品，但出于其他目的，可能会装出一副真心实意要经销的样子，与你讨价还价；一旦拿到底价，他就会石沉大海，杳无音信。这种被对手套取商业情报的事情在现在的商场上并不少见，很多人就这样成了竞争对手的义务信息员。

现代社会是复杂的，你要时时提高警惕，保护好自己的商业机密。当然，一些人的演技也越来越高明，不要说秘书，就连一些久经沙场的老业务员也有可能上当受骗，所以，在与客户谈价格之前，一定要先了解对方的真实身份，看对方是否真正有诚意来做生意；即使对方有诚意，你也不要为了显示自己的诚意而把价格一下降到底。

二. 了解之后再报价

在一般的情况下，你对客户越不了解，你的报价就越要高，这是因为你的判断可能有误，对方能够接受的价格可能比你愿意出的价还高；同时，在与客户建立实质性关系后，你做出让步的幅度越大，对方就越相信你的合作诚意。所以，对客户越是了解，你就越应慎重考虑自己的报价；相反，你对客户越不了解，在最初报价时就越要给自己留有余地。因此，作为一般原则，给客户报价应从高价开始；事实上，客户也不可能在接到你的报价后就签合同，绝大多数都会再讨价还价，因此价格报高一些也是为自己留有回旋的余地。

三. 报价须从高到低

报价应遵循从高到低的原则。第一次报价高一些，主要是试探对方的心理底线，起抛砖引玉的作用，看他们会还什么价；根据他们的还价，可以判断出他们有多大的“胃口”，从而制定出自己的推销策略。你要以诚为本，但由于报价涉及双方的利益，是买卖双方利益的博弈，这与你的人品或信用没有关系，仅仅是一种商业技巧。

有些人缺乏耐性，一开口就给客户报实价：“这就是我们的底价，我们不可能再降了！”客户一般不相信你一开始就会把自己的底牌亮出来；即使对方相信，他最多也只会笑笑，这种直截了当的报价策略很难奏效。在生意场上人们大多不会相信第一次见面对方就会报出“最低价”，因为“生意”就意味着讨价还价，所以，那些精明的客户，即使在心里相信你把价格降到最低了，他们仍然会习惯性地要求你继续降价。因此，如果你一上来就把价格降到底的话，那么，你就会很被动；由于价格上没有退路了，最后你只能像只鹦鹉一样反复地说这么一句“真的，我的价格没法再低了！”这样，即使把合同签了，你也只是赔本赚吆喝。事实上，很多客户在与你讨价还价时，不仅要把你的价格压到最低，还在追求一种“买的就是比卖的精”的心理快感，所以，即使你降价，你也得分几次降，以满足客户的这种心理享受。当然，有些客户会相信你一开始的报价是很优惠了，所以不再跟你讨价还价了，但是，要让客户相信你这一点是很不容易的事。

一些人一上来就开始报实价，是怕价格报高了把客户吓跑。其实这种担心是多余的，如果客户真心想做，他是吓不跑的！如果他本来就不想做的话，他当然有可能被吓跑！客户看到你的报价单后就说：“你们这种价格，我们不可能进货！”或者说“这么高的价位，我没法跟你谈！”这都是正常现象。

第三节　讨价还价的技巧

一．比竞争对手的价格要高

只要是做生意，就会遇到竞争对手。只要有竞争对手，客户就会货比三家。在其他条件同等的情况下，客户自然会选择价格低的产品。如果你的产品报价比对手高30%甚至更高，那如何与对手竞争？

现在是信息时代，产品成本很透明，在产品性能大同小异的情况下，客户不仅不会接受你的高价，而且还会认为你在欺骗他，连对你的人品都会产生质疑。因此，你只能首先肯定自己的价格高是合理的。只要有竞争对手存在，客户就会嫌你的价格高，这是他们的权利。其实，嫌货才是买货人。在信息如此发达，竞争如此残酷的市场环境下，无论什么样的客户都会对你的价格说三道四。如果他没有需求，就不会对产品的价格品头论足。很多情况下，客户嫌产品贵并不是他们没有支付能力，而是他们不明白你的产品为什么价格那么高；在他们看来，你与对手的产品大同小异，甚至是“一路货色”。因此，你的职责就是说明自己产品的“差异化”，如独特的性能，优秀的品质，完善的售后服务等，让客户明白你的产品更能满足他们的需求。对于客户来说，性价比才是关键。你让客户明白了贵的道理，他就不会嫌贵了。为什么有的人能保证高利润率成单，有的人只能维持微利甚至做不到合同，原因就在这里。

面对客户对高价的诘难，你一方面要向客户解释高价的原因；另一方面也要反省自己的产品是不是真正能满足客户的需求，因此，你要了解客户需求的心理价位、需求量、用途和采购预算。本来客户只想买辆大众的POLO用于上下班代步，你却向他推荐豪华的奥迪，他当然嫌贵。

二．产品性能不如竞争对手

很多客户经验丰富，专业知识比你强得多，因此，他们经常采取攻其一点，波及其他的谈判战术，以求得他的利益最大化。最常见的是他们会把你产品的弱点挑出来并加以夸大，从而让你在心理上处于守势，之后他们再在价格、付款方式、售后服务条件等方面漫天要价。

任何产品都是有弱点的。相对于POLO轿车，奥迪轿车的弱点就是价格太高，但产品的弱点并不意味着产品存在质量问题，只是它的某些性能指标不如对手，如耗电多、价格贵、包装差、样式老、使用不太方便等。世界上的事物总是辩证的，有利就有弊，有弊亦有利。因此，当客户把你产品的弱点挑出来时，首先不要回避问题，更不要与客户争执，要实事求是地承认产品存在的弱点，比如你可以这样说：“您说得很对，我们自己也发现了这些问题，正在想办法改进。”之后再委婉地说明这些弱点产生的原因，比如客户责难产品的耗电量大，你就可以解释说之所以耗电量大，是为了保障在各种紧急的情况下产品能正常工作；如果客户说你的包装太老式，你就可以说是为了降低包装材料的费用，不增加客户的负担……最后，向客户保证为了弥补产品的弱点，你们会增加相应的售后服务内容。

产品的优势和劣势都是相对的。只要是合法公司生产的合格产品，就有自己的优势存在于市场，否则早就被市场淘汰了。因此，不在于你的产品有没有优势，而在于你能不能发现自己产品的优势，并把这种优势告诉客户。产品的优势是多方面的，有的表现在质量上，有的表现在价格上，有的既不表现在质量上也不表现在价格上，而是表现在服务上(比如DELL电脑)，还有的表现在付款方式上(如零售业)……因此，只要把本公司产品的优势与客户的需求对接起来，任何产品都能在市场竞争中占有一席之地。

三. 降价要一步一步地降

报价要坚持“从高到低”的原则，作为卖方在谈判中自然要降价，何况谈判本身就是一个相互妥协的过程；但是，降价应该是逐步的，如果你一步就退到底线，那你就会很被动。在商务谈判过程中，必须运用一些心理战术，最好有一定的表演才能；当客户步步紧逼的时候，你一步步退让：“刘经理，你要的价这么低，不是让我为难吗？”软磨硬泡一番后，装作打电话请示：“刚才跟老总请示了一下，同意让零点五个百分点。”如果对方还是不接受，那就接着“请示”，每降一回，都要表现出十分为难：“刘经理你真让我为难！”或是“我真没法向公司交代！”这样，就有可能让对方感到你确实退到了底线，无路可走了。“再降1%，我们就签单！”于是，你要装出一种被逼得无可奈何的样子说：“那就这样吧！”

价格谈判必须有耐性，你要会“软磨硬泡”，也要能承受对方的“死缠烂打”。当对方快要逼近你的底线时，你就要变得强硬起来，不让对方突破自己的价格底线。

四. 满足客户的砍价心理

一些客户由于长期采购，与各路供货商经常打交道，所以不仅经验丰富，而且信息灵通；再加上买方的心理优势，使他们在你面前拥有了“卖的没有买的精”的自信，讨价还价技巧反而成为他们的专利；你报价之后，如果客户只是简单地说“你的价格太高了！”那事情倒好办，你只要解释自己为什么价高就行；但他们越来越精明，你稍不留神就有可能中他们的圈套。

客户常见的压价办法就是拿你的对手压你，当然，他面对你的对手时也会拿你去压他。当客户拿对手的低价(很多时候是客户自己编出来的)压你的时候，你不能情绪激动地指责对手是低价倾销，搞不正当竞争，而是应当心平气和地解释：“为了抢市场，他们这么做我们可以理解，但我们会为客户的最终利益着想，我们不会参与价格战；再说到真正签合同的时候，人家还能不能给这种价还是另外一回事！”客户一听，就会觉得你说的有一定的道理。

有时候客户故意显得刻薄，目的就是想把你激怒，这也是讨价还价的一种方式；

如果你感情用事，那就正好钻进了他们设计好的圈套。所以，无论客户的话怎么刻薄，你就让他们说好了；如果他不是真想要你的东西，他是不会用心如此良苦的。他说得越多，就越说明他是真想同你做买卖，因此，你应该高兴才对；实际上，说得多的人，往往是刀子嘴豆腐心；他嘴上虽然刻薄一点，但为人一般都不错；合同一签，他不仅守规矩，而且还做得久。因此，不要看他现在那么斤斤计较，这实际上还是一个双方相互了解的过程；只有相互了解，才有相互信赖的基础。

讨价还价不是一个单纯的商业技巧问题，更多的是一个心理较量的问题。当客户与你谈价格时，他往往有两种需求，一是为了保证公司的利益，他要把你的价格压到最低；二是他还要满足自己作为征服者的成就感：“你们不是都说买的没有卖的精，这个人比猴子还鬼吗？怎么样，他今天不照样没跳出我如来佛的手心吗？”所以，当你在与客户进行价格谈判时，不能只把合同一签就了事，还要尽量满足对方这种心理上的征服欲；如果你只会简单地降价，最后退到自己的底线为止，那么，你就不能满足他的征服欲，于是他就会没完没了地跟你讨价还价。相反，如果一开始就给客户一种你完全被征服了的感觉，他就有可能动恻隐之心，手下留情，而且还会把你当作伙伴。这样，他长期采购你的产品的可能性也就会增大。

对于做生意的人来说，简单地签一两个合同并不困难，难的是让客户长期与你签合同。为了让客户长期与自己签合同，你首先就得满足对方的征服欲；而要让对方能长期保持这种感觉，你就得在讨价还价过程中有相当的表演才能；你得把降价间隔的时间、措辞、表情等把握得恰到好处，表现得永远是在“不得不”的情况下降价，显得悲壮。如果能做到这一点，那么你不仅能提高自己的业绩，而且也能在心理上享受自己职业上的成就感。相反，如果客户跟你签完合同后就后悔，觉得吃了亏，那么，他与你就是一锤子买卖了。你应该让客户感觉自己永远是赢家，与你做生意是种享受。

做生意的人都明白，客户与你讨价还价，与其说是他们很会讨价还价，还不如说他们喜欢讨价还价；与其说他们是嫌你的东西太贵，还不如说他们是想通过杀价来获得快感；对于生意人来说，讨价还价是种本能；在有些人眼里根本就没什么最低价。推销说到底就是一种心理游戏，所以，你一方面要提高自己的心理应变能力；另一方面也要提高自己揣摩客户心思的能力。两强相遇勇者胜，而胜者在于他的心理素质。

五．不问客户的心理价位

如果缺乏经验，做生意急于求成，不习惯讨价还价，不到两三个回合，就直截了当地这么问客户："王总，什么价位您才能接受？"其实，这是一种自杀式的谈判方式。问客户什么价位能接受，其本意是让对方亮出底牌，价位合适就成交，价位不合适也就不再浪费时间了。但现实中的客户大都是聪明的，他们不仅不会轻易地亮出自己的真正底牌，而且还会显得很真诚的样子报出一个你几乎不可能接受的价来。面对这个你几乎不能接受的价格怎么办？你现在进退两难：不接受这个价格你就显得没有礼貌，因为是你主动问你人家的，你就要尊重人家的意见；如果接受，那你就得赔本。你当然不能做亏本买卖，所以谈判就到此为止。因此，你问客户能接受什么价格，实际上就是剥夺了自己讨价还价的权利，把本来有机会做成的生意错过了。

面对客户的降价要求，是盲目降价急于求成，还是迂回周旋慢慢地降价？这是一个生意人是否成熟的标志。你应能把握好价格上的分寸，做到恰如其分。一些人为了能与客户尽快签订合同，在价格上大步撤退，这样往往是欲速则不达。

由于市场竞争越来越激烈，客户越来越精明，所以对价格谈判技巧的要求也将越来越高。一方面，你要提高自己的业绩并保持一定的利润率；另一方面，又要会运用价格这把利剑，向对手发起进攻，争取他们的客户。

六．充分利用自己的价格优势

对于绝大多数中小企业来说，价格是它们的主要优势，所以，很多人喜欢打价格战。在现代商战中，价格是一种很重要的武器，但它不是唯一的武器。你采用降价的方式可能会击溃对手，但也可能伤了自己，因为你自己的利润也将越来越薄。杀敌一万，自伤八千，这是两败俱伤，谈不上胜利。

在争夺新客户的时候，如果你与对手较量，你还有一定的降价空间，而对手被你逼得在价格上已没什么回旋余地，那你就不要再降价了。对于新客户，这次他是第一次采购，将来还要采购，你必须在价格上保留机动的余地；如果再降价，那将来其他的公司也会仿效这个客户要同样的价，所以，不能因为争取客户合同，把价格降得太低。

当然，客户不会因为你的对手不能再降价了而停止要求你降价。这时你也要坚持不降价，但可以在其他方面给客户一些一次性优惠，比如，邀请客户去你的其他客户那里的样板工程去参观，这样既可以加深客户对你们的了解，又可以在参观过程中建立友谊。只要他们同意去，那事情就好办。当然，有些客户没时间或对你怀有戒备而不愿去，对你所有的一次性优惠不感兴趣，那就只有采取拖延战术。既然在这场三方游戏中，你在价格上占有一定的优势，那你就要利用这种优势。在采用拖延战术时，主要是向客户“诉苦”，说明自己在价格上没有什么回旋余地了。不过，一定要利用好信息渠道，密切注意他们两家的动向。

你对争取每一个合同都要做好长期作战的准备，都要有一种韧劲；动不动就降价是浮躁的表现。

七．多运用迂回进攻战术

有时候采用低价策略确实能吸引客户，降价在短期内肯定会增加销量，但从长远看，降价只会减少销量，因为一般人再也不愿接受这种产品的正常价格了。你应该会使用降价这种武器，但不应该只会用这么一种武器。商场如战场，在商战中，要多练些套路，最好十八般兵器都会，这样可以做到兵来将挡，水来土掩。你不能除了会用降价这么一种武器外，别的什么都不会。

当你第一次把价格报给客户之后，如果对方没有什么反应，那你就要改变战术。客户对你的报价没反应，并不一定是嫌你价格高，也可能是他还没有真正了解你的产品，还没有产生兴趣，所以，最好马上改变推销策略，比如，从你带去的产品资料中，拿出你认为最能引起对方兴趣的资料来，再做些说明，尽量让客户信赖你的公司和产品。在这种情况下不要把你带去的所有资料都拿出来，只让客户看重点就行了；如果你又把所有的资料拿出来，对方只会敷衍了事地扫一眼，不会有什么效果。总之，推销就像打仗，如果正面强攻效果不理想，就要马上改为侧面进攻，迂回包抄。

如果对方还是无动于衷，那你就要再想办法，因为降价那条路你现在肯定走不通了。当秘书就得动脑筋，当你找不到路的时候，就要想办法去开辟一条新路。

第四节　签订合同

一．抓住时机

很多客户在听你的介绍时非常感兴趣，可听了也就完了，并没有签合同进货的意思。许多人业绩上不去，败就败在这个地方。有些客户听完你的介绍后，不仅很感兴趣，而且也表示要进货，可到真的要签合同的时候，他又迟疑不决，左一个原因，又一个理由，就是不签字。说到底，问题还是在你自己身上。你不仅要激发客户的兴趣，还要让客户采取进货的行动。为了做到这一点，你必须改进推销过程中的说话方式。

1. 用“心”说话

在现实中，很多生意人伶牙俐齿，可客户并不买他的账；相反，很多看上去言拙嘴笨的人一说客户就动心。这是怎么回事？原因不在于你怎么说，而在于你能否说到客户的心坎里去。“言为心声”，所以，你一定要用“心”说话，这样才能让客户产生共鸣。

用“心”说话，首先要有自信。有自信的人才能让客户放心，给客户好感。自信的人在说话时能传递给对方一种热情，因而也能让对方增加自信心。

如果你是个缺乏自信的人，见了客户你可能会这么说：“麻烦你帮我进点某某商品，好吗？”而非常自信的秘书就会这么说：“某某商品现在很畅销，今天你一定得进几件！”

2. 用“心”听对方说话

商务谈判实际上是一个与客户交流的过程，所以，你不仅要用“心”说话，而且也要用“心”听对方说话，这也是建立良好人际关系的基础。在听对方说话的时候，一定要听到对方的“心声”，即理解他真正要表达的是什么意思和为什么会有这种想法。可以说，说话的高手就是听话的高手。

3. 激发客人的购买欲望

一般来说，客户产生购买欲望要经过七个阶段。

第一阶段：注意——嗯，这个东西有点儿意思！

第二阶段：兴趣——看起来是个不错的产品！

第三阶段：联想——买回去可能会畅销！

第四阶段：欲望——那就进点儿货吧！

第五阶段：比较——不，再等等。看看还有没有比这更好的？

第六阶段：决心——还是这个好！

第七阶段：行动——那就进货吧！

你应根据客户这种心理变化来调整自己的说话方式。如果客户还处在“注意”或“兴趣”阶段，你催他们签合同，那你就有可能适得其反，欲速而不达。相反，如果客户已经心里下决心要订货了，你还在那里介绍产品的特点或优势，那你又有可能错失良机。所以，你一定要会把握机会，根据客户的表情、动作和语言等因素来判断客户的心理状态处于哪一个阶段，从而采取相应的沟通方式。

很多缺乏经验的人还没有向客户介绍什么，就问客户“今天能签合同吗？”心急吃不了热豆腐，你这样问一百句也不见得能签一个合同，因为客户还只停留在“注意”或“兴趣”阶段，你老是这么催他，可能会让对方怀疑你给他设了什么圈套；相反，另外有些人在客户已经作出了采购决定之后，仍在絮絮叨叨地介绍产品。他们怕提出签合同的要求遭客户拒绝后不好收场，所以不敢对客户提签合同的要求。但是，这也有可能引起客户的怀疑：“这人磨磨蹭蹭到底想做什么？”因此，你一定要学会透视客户心理变化，把握时机，该让客户签合同时就让客户签合同。

来看一个这样的例子。

你：“朱老板，这蓝色的花和粉红色的花，您喜欢哪一种？”

客户：“我觉得这蓝色的不错。”

你：“不愧是老板，眼光就是独特！我们公司这次进的主要就是这种蓝色的。那我先送十件过来吧！”

你：“是送到店里来还是送到仓库去？”

客户：“都送到店里来。”——这就表示了客户购买的意愿。

你：“朱老板，每件价格198元。我给您送十件过来？还是送八件过来？”

客户：“不行，还是有些多。”

你：“那就五件吧！”

你：“朱老板，我是今下午给您送过来，还是明上午十点左右给您送过来？”

客户：“那就明天上午吧！”——这就表示客户采取了购买行动。

你：“明天上午十点我一定准时给您送到。谢谢！”

当然，在现实中推销的过程很难这么顺利，这个例子只是说明你必须有勇气在适当的时候让客户做出购买的决策。如果你有这种勇气和自信，客户也会更放心地做出购买的决定。

二．签订合同的技巧

很多人在介绍完产品，让客户做出了购买的意向之后，没有采取相应的步骤让客户来签合同，白白浪费了商机。相反，如果你掌握了签订合同的一些基本技巧，你完全有可能让自己的销售额提升20%以上。

1．“二选一法”

“二选一法”是指推出两种事项让客户选择其中的一个，这实际限制了客户不会超出你指定的范围，也就提高了你推销的成功率，当然，你要能大致估计到客户选择的范围。比如，你可以这样问客户：“朱老板，这蓝色的花和粉红色的花，您喜欢哪一种？”

2．“推断承诺法”

“推断承诺法”是假定客户已愿意购买而促成交易的方法，比如：“朱老板，您喜欢这蓝色的花，就订这蓝色的花吧！”当客人正处在买还是不买的犹豫状态时，采用“推断承诺法”能大大加快客户做出购买决定的进程。

3．“肯定暗示法”

“肯定暗示法”是指在介绍商品过程中，通过诱导客户对自己的商品一步一步的肯定而获得成交的方法。

你：“朱老板，我们这种鲜花是你看过的最漂亮的花，是吧？”

客户：“嗯，我以前确实没见过这么漂亮的花。”

你：“这种花不仅漂亮，而且花期长，顾客很欢迎，是吧？”

客户：“是的，顾客很喜欢花期长的鲜花。”

你：“这种花每件才198元，价钱也不贵，是吧？”

客户：“的确不算很贵。”

你：“那我给你送十件还是送八件过来？”

客户：“那就先送五件吧！”

三．合同的主要条款

合同的签订包括合同的订立、合同的执行和合同纠纷的解决三部分。其中最重要的是先保证自己签订的合同没有法律上的漏洞，因为它是决定今后执行中所有问题的基础。

一般的供货合同应包括以下条款。

(1) 当事人的名称或者姓名和住所。

(2) 标的。

(3) 数量。

(4) 质量价款或者报酬。

(5) 履行期限、地点和方式。

(6) 违约责任。

(7) 解决争议的方法。

以上是合同的基本条款，但并不是说缺少其中某一条款合同就不生效，但如果缺少就可能会给合同履行带来一定的麻烦。如有些事情一时不能定下来，应约定协商的原则、办法、日期和协商不成的解决办法。另外还可以规定包装方式、检验标准和方法、结算方式、合同使用的文字及其效力等条款。

对于每项条款应表述明确，以没有歧义为标准，不要怕烦琐，要具体到不能再具体、不能再用其他文字补充时为最佳。因为一时的疏忽可能会导致日后更多的烦琐。

第一条，当事人的名称或者姓名和住所，应以营业执照名称为准，自然人就以居民身份证上的名字为准。

第二条，合同中的“标的”，就是指交易所涉及的具体内容，比如，房屋买卖合同中的“标的”就是房屋。标的应写全称，写具体，不能简写，品种、规格、型号、等级、花色等都要写具体。

第三条，“数量”指标的数量。数量必须明确填写，不得含糊。

第四条，价款或者报酬由双方协商决定，但要明确；“价款”是指单价和总货款。在合同中，与“价款”密切相关的是“付款方式”，这一条款容易留下隐患。如果货款金额不大，双方一手交钱一手交货，钱货两清，问题不大；但是，如果合同涉及的货款数量较大，那不仅有分期付款的问题，还有定金、质量保证金和滞纳金等问题。在执行合同过程中，一旦某个环节出现问题，就有可能出现“多米诺骨牌效应”，所以，在签合同之前，一定要将这一条考虑周到，稍有不慎，后患无穷。

一些缺乏经验的人只关注合同的价格而忽视结算条件，因为价格关系到个人奖金提成的多少。但对于公司来说，结算条件可以说与价格同等重要，如果在回款周期和铺货金额等问题上让步太多，不仅利息太高，更为重要的是可能会让现金流出现问题，影响企业的生存。所以，你在谈判中既要注意合同的价格，又要注意合同的结算条件。

第五条，“质量”指标的的质量。在合同中对质量必须有明确的表述。“质量”这一条款的模糊或缺失，是许多经济纠纷的主要根源；产品质量到底有没有问题，由于没有明确的标准，最后是公说公有理，婆说婆有理。产品的质量标准，必须按《中华人民共和国标准化法》规定执行，没有国家标准的要按企业标准签订，当事人有特殊要求的，由双方协商签订。

合同开始执行后，客户最不满意的就是售后服务的质量，所以，在合同中一定要把售后服务的内容写清楚，否则就会影响与客户的长期合作。

第六条，履行期限、地点和方式，都应有明确规定。

第七条，违约责任，可以按经济合同法的规定进行约定；《合同法》虽然规定一方违约，另一方可以向其追索违约金和赔偿金，但如果合同中没有明确违约金的数额，法院就会视为双方当时放弃违约金权利，而不予支持。对赔偿金计算方法作出明确约定，有利于以后发生争议时迅速确定赔偿金额。

“违约责任”这一条必须坚持，有些人经验不足，在与客户谈判时，心理容易处于劣势。当你提出违约责任时，占有心理优势的客户往往会这样回复你：“你是不是信不过我们？信不过我们还签什么合同？”面对客户咄咄逼人的诘问，一些人怕影响与客户的关系，不与自己签合同，于是只好“忍气吞声”，最终放弃了对客户约束的权力。这种“君子协定”很容易留下隐患，特别是结算期一到，双方就有可能出现矛盾，由于你无法约束对方，其结果往往是反目成仇！

如果从一开始就坚持原则，会为双方的长期合作奠定坚实的基础，可以减少合同执行过程中的纠纷和麻烦。提出违约必须赔偿可能显得条件“苛刻”，可能会“吓”跑一些客户，但是，这总比将货发给客户以后，客户再以货款结算标准和方式有争议为借口，不予结款要好一些。所以，你不用担心你的违约条款会吓跑客户，它是你合作诚意的体现，真正讲诚信的客户是吓不跑的。

第八条，解决争议的方法可写仲裁委员会仲裁或由法院解决。

四. 签订合同应注意的问题

1. 资格审查

资格审查是审查合同对方的民事权利能力和民事行为能力，也就是审查对方是否有从事相关经营的资格、资质、履约能力和信用等级等。你可要求对方提供相应的证明文件并在所提供的文件上签名盖章确保真实，文件包括：营业执照复印件、资质证明、授权委托书；详细记录其身份证号码、住址(地址)、电话等。对于标的额较大的合同应派人进行落实，这些基础工作做好了就可以大幅度降低将来合同执行过程中的纠纷。如你自己进行了解有困难，可以向对方当事人所在地的工商部门进行查询，并且可以通过对方同行业或相关企业进行了解。

不仅要审查企业的资质，还应注意检查对方签约人的身份，重点是有无代表企业或他人签订合同的资格。凡不是代表本人的一定要有授权委托书，代表企业的还要加盖公章(不能用部门或财务章等代替，否则一旦发生纠纷会带来举证上的麻烦)。授权委托书上应记明授权范围、权限并有授权人的签名、盖章。签名、盖章应清晰可见，合同文本有修改的应在修改处盖章注明并保持双方存留合同文字内容的一致性。

2. 合同形式的选择

对于秘书签订的供货合同最好用书面形式、口头形式和其他形式。如果需要在执行中分批签订合同，应在每次签订合同或形成新文件(如电报、电传、传真、电子数据交换和电子邮件、信件)后及时对照以前的文件，如发现有变化或文字表述有歧义，应及时提出达成一致、补签合同。

对于执行期限较长并不断形成新文件的合同，应每隔一段时间或每完成一个阶

段在下阶段开始之前签订备忘录作为一个阶段的总结，及时明确合同内容。

对于时间紧迫达成的口头协议应在事后补签合同，避免出现纠纷。如双方身处异地可考虑录音或传真固定证据。总之“口说无凭，立字为据”是合同形式的基本原则。

合同签订后，应将合同正式文本复印若干份，将原件存档，平时应尽量用复印件，以免造成原件丢失带来举证麻烦。

五．常见的合同失误

1．主体没有订立合同的资格和实际履行能力

你在与一些经销商签订供货合同时，可能会遇到没有订立合同资格和履行能力的主体诈骗行为，其主要表现形式为：一是对方根本没有提供法人资格证明；二是对方虽提供了《企业法人营业执照》，但为副本或复印件，其实为伪造的证明；三是对方提供了正式的《企业法人营业执照》，但其实际虚报注册资本，无实有资金，而且没有实际履行能力；四是对方在订立合同时虽提供了正式的《企业法人营业执照》，但因未参加工商局年检已被吊销营业执照。

2．代理人超越代理权限

在签供货合同时，经常有代理人超越代理权的现象出现，由于未经被代理人追认，最后的损失由供货方来承担。

3．不知道“定金”与“订金”的区别

定金是债的一种担保方式，合同法规定当事人可以依照《中华人民共和国担保法》约定一方向对方给付定金作为债权的担保。债务人履行债务后，定金应当抵作价款或者收回。给付定金的一方不履行约定的债务的，无权要求返还定金；收受定金的一方不履行约定的债务的，应当双倍返还定金。可见定金具有惩罚性，在合同法上称为定金罚则。在实践中不少人将定金写成了“订金”，而“订金”在法律上被认定为预付款，不具有担保功能。

4．供货合同常见的漏洞

秘书在签订供货合同时，因为对业务不熟悉或者谈判经验不足，在合同中经常出现漏洞，常见的漏洞有以下几种。

(1) 质量约定不明确；

(2) 履行地点不明确；

(3) 付款期限不明确；

(4) 违约责任不明确；

(5) 付款方式不明确；

(6) 履行方式不明确；

(7) 计量方法不明确；

(8) 检验标准不明确。

以上漏洞多出现在合同主文内容缺少或者约定不明，使用字眼双方有争议等情况下。

反思：你有过在商店或集贸市场与店主(摊主)讨价还价的经历吗？如果你喜欢与对方讨价还价，那你是否有过“大胜而归”的经历？如果没有，你将如何改变这种现状？

项目任务：与客户讨价还价

1. 任务目标

通过本任务掌握在生意场上讨价还价的要点。

2. 任务引入

刘军是荣泰机械(上海)公司销售部的新人，这天一上班，他就接到客户打来的电话，说他们对刘军上星期送去的产品介绍资料进行了初步研究，认为产品的性能可以满足他们的需求，但就是价格太高，所以，希望刘军下午能去他们公司一趟，讨论一下价格问题。这是刘军第一次与客户真枪实弹地讨价还价，他有些兴奋和紧张，于是他一整个上午都在琢磨下午如何与客户谈判，争取把合同签回来的问题。

3. 任务要求

a. 本任务可在教室里或模拟场地里进行。

b. 任务应分组进行，可以5人一组，其中1人扮演刘军，3人扮演客户， 1人进行监督和评价。每个人都要轮流扮演刘军。

c. 每个同学最好都能按照任务内容设计的脚本(包括情节和台词)演练，并给本小组成员分派角色。

d. 每个同学在演练过程中一定要严肃认真，言行符合规范。

e. 在实际演练时，老师可以临场发挥，比如增设模拟角色和任务；或全体同学一起对某一小组的演练进行评论。

4. 任务实施

根据实际情况练习讨价还价的要点。

5. 任务评价

自我评价	同学互评	老师评价

读书笔记

第十章　沟通应该注意的问题

第一节 选择合适的沟通途径

一. 当面沟通

在这个数字化时代，一些员工喜欢“隐藏”在高科技背后进行网络交流，忽略了现实中人与人之间的交流。人们常说见面三分情，面对面地沟通，不仅显得亲切，而且显得灵活；双方在讨论问题的同时还可以增进彼此的感情，如果双方有不同的意见，可以及时协商；你可以在吸收对方意见的基础上完善自己的设想，从而达到最佳的沟通效果。因此，对于那些重要的或敏感的事情应尽量采用当面沟通的方式。即使是一些简单的通知或传话，只要条件允许，也最好当面交代。

选择当面沟通的条件如下。

(1) 对方对你所提的问题很感兴趣。

(2) 对方比较忙，可能没有时间来看你的书面文件。

(3) 对方对你的问题可能有不同的意见，甚至会提出批评。

(4) 当对方知道你的意见后，可能会产生强烈的抵触情绪，而你又必须坚持，需要双方互相讨论才能统一意见。

(5) 双方关系密切，使用口语自然而又随意。

在一般情况下，凡是与自己切身利益有关的事情，人们都希望用当面沟通的方式来亲自处理，这样可以争取自身利益最大化。

采用电话、QQ或MSN这类即时电子沟通，在沟通的效果上远不如当面沟通，所以，如果在电子沟通中讲不通，就要赶紧想办法补救，争取当面沟通。

对于筹备重要会议、撰写年终总结报告这类重要工作，由于事情重大、关系复杂、涉及面广，你在向上司口头汇报时不一定都能说得清楚；即使说清楚了，上司对开会人数、会议程序这类细节问题也不一定听得明白记得住，所以，遇到这种情况，最好在口头汇报之外还加以书面材料作补充。

二. 书面沟通

书面沟通就是文字沟通，它的优点是比较正确、详尽、权威和可以永久保存。书面沟通在时间和费用方面也比较经济。书面沟通适用于以下几种情况。

(1) 需要沟通的人比较多而且分散，不适合当面沟通。

(2) 对方需要一定的时间来考虑你所提出的问题。

(3) 对方需要将你提出的问题当做书面的记录加以保存，以便将来查询或当做凭据。

(4) 对方需要按照规定的程序去完成你交代的工作，他们需要有书面的说明，这样可以按部就班，随时查阅。

但是，书面沟通有两个不足之处，必须小心，一是对方不想看，收到了和没收到一样；如果你问他的意见如何，他可以说没有收到或者还没有看，从而推卸自己的责任。二是对自己不利的文件，他看完了可能装作还没有看。

三．电子沟通

电子沟通包括固定电话、电子邮件、手机、网上交流、语音信箱等方式。其中，电话沟通偏向于当面沟通，电子邮件又类似于书面沟通，而网上即时通信则介乎这两者之间。由于电子邮件已成为员工之间最常用的沟通工具，所以单列。

1．电话沟通

在电话沟通时应注意以下两点，一是不能在电话里聊天，影响工作。二是如果你通话时间太长，影响其他的电话打进来。

2．传真

发传真也应注意礼仪。除非一些票据的复印件、图纸和特殊文件，传真的正文要用规范的传真纸，它一般是A4纸，呈白色。如果用其他颜色的纸，不仅显得不礼貌，而且有可能使对方收到的传真件不清楚。

发送传真之前，可以向对方通报一下，以免发错；如果传真页数较多，要特别告诉对方，以让对方考虑是否采用其他方式接收；发送之后，要再次和对方确认所发传真的页数、内容是否清楚等。同样的道理，如果你收到传真后对方没打电话来确认，那就要尽快通知对方，以让对方放心。

3．网络即时交流

常用的即时交流工具有MSN、QQ等，它们是比电邮更加高效的网络沟通方式，双方都能够在几秒钟内收到并回复信息。由于“交流”的迅捷和低成本，它们越来越多地成为员工之间交流的首选。由于追求便捷，而且“网上聊天”随意一些，比如你可以使用网络用语或者使用彼此都熟知的缩略词。也正因为如此，它们也只能作为内部交流工具，不能用在比较严肃的商务场所。员工在网上进行即时交流时，应注意只跟同事“一对一”的聊天，不用聊天工具发送重要或者机密的文件；上班时间不进行跟工作无关的私人聊天；不信口开河，因为聊天信息跟电邮一样都可以被他人破解或者看到；严格遵守公司关于使用聊天功能的规定。

4. 手机

手机的普及大大方便了人们的生活，现在手机已成为个人必备物品，员工必须学会不同地点或时间的手机使用方法，如果使用不当就会引起不必要的误会。上班进入办公室后，特别是在开会或向上司请示汇报时，一定要把手机铃声设为无声或振动状态，以免干扰工作。万一手机忘记关而电话又突然响了起来，必须尊重对方，马上将手机关掉。另外，要养成一些良好的手机使用习惯，如不用私人手机谈公事；只利用午休等工作以外的时间打私人电话；在工作中，即使知道对方的手机号码，也要先打电话到对方的公司。

5. 语音信箱

语音内容要礼貌、清楚、言简意赅、说话时清晰平缓，不要使用粗俗的语言，留下你的姓名、时间日期、公司姓名称以及电话号码，不要突兀地挂线。

四. 电子邮件

1. 电子邮件的优点和缺点

电子邮件是通过互联网所发送的邮件，在这个网络发达的时代，你的电子邮件不仅可以从台式机收发，还可以用笔记本电脑或者掌上电脑随时随地收发。电子邮件省去了打印信件和装信封的程序，非常快捷。有了电子邮件，员工的工作效率大大提高了，他们再也不用把时间耗费在打电话、发传真，或者等待邮递员上。对于员工来说，电子邮件已经成了最常用的书面沟通方式。他们通过互发电子邮件来安排约会，交换信息，或者交流彼此的想法。

一些员工在工作中遇到比较棘手的问题，需要跟同事讨论一些不愉快或者有争议的问题时，本应坐下来与对方面对面地沟通，但电子邮件却成了他们逃避面对面沟通的工具。由于电子邮件不能看到对方的表情、感受到对方的语气差别、传达双方感情的细微变化，所以，它的沟通效果远不如双方面对面的交流。当然，对方也可以借口没收到你发的电子邮件以推卸自己的责任。

由于电子邮件是高科技的产物，所以，高科技也给它带来了一些缺陷，比如，有时候电子邮件会丢失，有时候电脑系统的崩溃会删除储存的所有邮件。所以，在使用便捷的电子邮件时也不是万事大吉，需要多加注意。

2. 电子邮件的基本格式

虽然电子邮件还不是一种正式的沟通方式，但是为了有效传递信息，在写电子邮件时还是要采用正式信函的格式。一封完整的电子邮件应包含开篇、正文和结尾。对电子邮件内容的处理应像对其他信函一样郑重，严格遵守语法、标点符号和语言规则。

(1) 收件人

尽管大多数电子邮件格式中，都是把收件人邮箱地址置于最上方，而且很多人也总是习惯打上收件人的地址，但实际上，收件人的邮箱地址应该最后打上去。之所以要养成这个习惯，就是要在最后检查修改完电子邮件的内容后再输入收件人地址，这样就能避免在完成修改之前错按“发送”按钮。输入了收件人地址之后，再次检查是否正确。谁也不想把邮件错发到另一个人的邮箱中。如果你的邮箱中储存了很多联系人地址，而且会自动发送邮件时跳出一个最近联系过的邮箱地址，这种发错的情况一不小心就会出现。

(2) 邮件主题

电子邮件一定要注明标题(Subject)，因为许多收件人是以标题来决定是否仔细阅读信件内容的。电子邮件与信笺的一个重要区别是电子邮件有邮件主题。在电子邮件的主题栏里，发信人要用短短的几个字概括出整个邮件的内容，让收件人能权衡出邮件的轻重缓急。因此，邮件的标题必须明确，尽量具体，最好不要超过15个字，让人一目了然，并便于保留。如果标题含糊不清，比如使用“嘿！”、“收着！”之类的标题，只能让收件人把它当“垃圾邮件”对待，一删了之。常用电子邮件的人每天都要阅读大量的电子邮件，如果使用抽象的词语或是问候作为主题，会因无法立即识别内容，而造成对方的困扰。正是因为电子邮件对“主题”的这种要求，所以，一个电子邮件最好只有一个主题，如果有两件事那就最好写两封邮件。

(3) 邮件正文

电子邮件写成长篇大论，就会让收件人厌烦，所以要做到让对方在读完邮件前几句话后就知道你的大致内容。至少用一个段落——在电子邮件中，也可以是一两个句子——来表达你的主要内容。或许需要再写一段来强调你的意思。分清所谈事项的轻重缓急。最后结尾时附上电话、邮箱地址或者网址以使对方做进一步的了解。电子邮件要短，不要用太多的修饰语。当收件人在旅行中通过手机或商务通收取邮件时，这个原则尤其有效。

(4) 署名

结尾时署上你的姓名、职务、公司名称、电子邮件地址、电话和传真号码，或者再加上你们公司的网站链接。

(5) 回复邮件

对于那些传达新信息的邮件，回复时要继续其中谈到的话题，正像彼此在谈话一样。回复任何一封电子邮件，都要注意关照原邮件中提到的问题。很多邮箱都有“回复”键，而且原邮件也会自动出现在回复的邮件中。如果没有这项功能，你不用概括原邮件的所有的内容，而只对部分做答复就够了。如果你在收到邮件很久后才回复，这种做法尤其重要。回复邮件时加上原邮件中提到的主要问题，这样彼此双方都不会觉得回信太突兀。

及时的回复邮件不仅是礼貌问题，而且对你的工作也很重要。比如，有些部门发邮件抱怨员工上报材料太拖拉，不及时回复就很可能引起误会。

第二节　选择合适的沟通方式

一．直接沟通

在一般情况下，员工之间应选择直接的方式与对方沟通，只有在不得已的情况下通过第三方传话与对方迂回沟通。一般来说，如果双方关系密切，有一定的交情，交流的内容又不希望被另外的人所知道，就最好采用直接沟通的方式进行交流。如果你与对方关系不太密切，又认为对方不太好打交道，就请朋友帮忙，用间接的方式迂回沟通。

二．迂回沟通

迂回沟通就是透过第三方把你想说的话转告对方。比如，你因误会而遭到上司的批评，如果不及时说明情况，自己背黑锅在其次，最后还会影响工作。怎么办？如果直接找上司说明真相，上司怒气未尽，现在去找他只能再挨批评。在这种情况下，你最好向与自己关系要好的同事说明情况，请他代自己向上司说明自己的苦衷。同事了解了事情的经过之后，可能会马上找个机会向上司说明了情况，这样，笼罩在你头上的乌云就散开了，这就是迂回沟通的效果。

三．如何选择沟通方式

特别是在一些外资企业，公司内的大事小事都喜欢用电子邮件来交流沟通，这实际是一种契约文化的体现。与这种商业文化相比，大多数我国公司内部的运营具有更多的“人和”的色彩，比如我们想表达自己的意见和想法时，很多时候就是用一个眼神或类似的其他肢体语言来表达，而这种“无声的语言”更能得到同事的默契，可以说是“一切尽在不言中”。但是，是不是说我们这种主要依靠口头交流沟通的工作方式就一定比那种动不动就发电子邮件的工作方式优越呢？信息的交流沟通方式有两种，一种是语言的；一种是文字的。应该说，这两种方式各有长短，因此，在实际工作中，应扬长避短、灵活运用。

用文字交流沟通，作为记忆可以长期保存，正确的记录可充当证据，能经得起推敲。根据科学研究统计，某事发生20分钟之后，其中的41%就会被忘记；一个小时之后，就有55%被忘记；一天之后是66%，而一个月后会忘掉78%的内容。因此，作为原始依据的书面文件是保存信息的一种重要方式。但文字交流对对方的了解仅限于文字，让人感到生硬机械。

用语言交流沟通，很容易被忘记，不能算是正规的记录，容易产生歧义，但你能直接了解对方的反应，双方都能得到全面的感受，充满了人情味。在进行语言交流沟通时，双方都能看到对方的表情和姿势，听出对方的话中的抑扬顿挫，从而亲身感受对方的真实想法和感情，这种交流的效果远比单纯的文字有效得多。但口头交流不仅有可能词不达意，而且有可能丢头漏尾。因此，把它写成书面的东西，不仅能保证不丢三落四，而且能在起草的过程中进行推敲，使自己的意思表达得更加准确和清楚。能进行逻辑思维是书面文件的一大优势。

反思：你是否有过被同学借钱对方忘记还你的经历？如果有，你是通过什么途径提醒对方的？

项目任务：迂回沟通

1. 任务目标

通过本任务掌握迂回沟通的要点。

2. 任务引入

玛丽是爱康食品(深圳)公司人力资源部的新人，这天一上班，她的上司就对她大发雷霆，说公司在当地晚报上登的招聘启事上的网站域名漏了一个字母，这个事是玛丽承办的，要负全部责任。所以，让她回家停职反省。这事的确是玛丽负责，但当天玛丽去一个招聘会现场了，所以，她是请同事小雅帮自己办的。如果自己今天回家，那预约几个应聘的人明天来面试的事又怎么办？本来她想一走了之，甩手不管，但又觉得这么做无论对公司还是对自己都不利。那该怎么办呢？她决定与上司做一次迂回沟通。

3. 任务要求

a．本任务可在教室里或模拟场地里进行。

b．任务应分组进行，可以4人一组，其中1人扮演玛丽，1人扮演上司，1人扮演小雅，1人进行监督和评价。每个人都要轮流扮演玛丽。

c．每个同学最好都能按照任务内容设计的脚本(包括情节和台词)演练，并给本小组成员分派角色。

d．每个同学在演练过程中一定要严肃认真，言行符合规范。

e．在实际演练时，老师可以临场发挥，比如增设模拟角色和任务；或全体同学一起对某一小组的演练进行评论。

4. 任务实施

根据实际情况练习迂回沟通的要点。

5. 任务评价

自我评价	同学互评	老师评价

读书笔记

第十一章　职场情商

第一节 情商概述

一. 情商的含义

情商是指人对自己的情感、情绪的控制管理能力和在社会人际关系中的交往、调节能力。

20世纪90年代初期，美国耶鲁大学的心理学家彼得·萨洛韦和纽罕布什大学的约翰·迈耶提出了情绪智能、情绪商数概念。在他们看来，一个人在社会上要获得成功，起主要作用的不是智力因素，而是他们所说的情绪智能，前者仅占20%，后者占80%。1995年，美国哈佛大学心理学教授丹尼尔·戈尔曼提出了“情商”(EQ)的概念，认为“情商”是一个人重要的生存能力，是一种发掘情感潜能、运用情感能力影响生活各个层面和人生未来的关键品质因素。戈尔曼认为，在成功的要素中，智力因素是重要的，但更为重要的是情感因素。

相对于智商而言，它更能决定人的成功和命运。丹尼尔·戈尔曼在其所著的《情感智商》一书中说：“情商高者，能清醒了解并把握自己的情感，敏锐感受并有效反馈他人的情绪变化，在生活各个层面都占尽优势。情商决定了我们怎样才能充分而又完善地发挥我们所拥有的各种能力，包括我们的天赋能力。”他所偏重的是日常生活中所强调的自知、自控、热情、坚持、社交技巧等心理品质。

二. 情商的意义

1. 认识自身情绪

认识自己情绪的本质是情商的基石，这种随时随地认识自己情绪的能力，对了解自己非常重要。不了解自身真实感受的人势必沦为情绪的奴隶；反之，掌握情绪才能成为工作的主宰，面对各种抉择方能妥善处理。在日常工作中，你不仅要随时把握好自己的情绪，而且要对自己周围人的情绪，特别是上司的情绪有很清晰的了解，只有这样，才能保证彼此处于一种和谐的状态，工作才能够顺利进行。

2. 妥善管理情绪

情绪管理必须建立在自我认知的基础上。如何自我安慰，摆脱焦虑、灰暗或不安的情绪，对于那些情商较高的人来说，他们能很快驱散自己内心的负面情绪，振作精神，而情商能力匮乏的人则常常在负面情绪中挣扎。你在日常工作中出差错是难免的，也经常会受到上司莫名其妙的批评，因此在心里出现一些负面情绪是正常的。但是，情商较高的员工能把握并影响情绪的变化，始终保持理智，避免感情用事。

3. 自我激励

保持高度热忱是一切成就的动力。能够自我激励的人做任何事情都具有较高的效率。只有内心涌动着激情，才能坚持不懈并高效地完成自己的工作。对于普通员工而言，自我激励非常重要，因为他们的日常工作大多很烦琐，如果缺乏自我激励的精神，就看不见自己工作的价值和自己的进步，因此，情商较高的员工善于自我激励并保持高度热忱，能够使自己满怀信心地工作。

4. 了解他人的情绪

如果你对他人的感受熟视无睹，那你就很难得到对方的配合与支持。你在与周围人的交往过程中，了解他人的情绪并顺应他人的情绪，对构筑良好的人际关系极为重要，而换位思考是了解他人情绪的基本技巧。

5. 善于处理人际关系

人际关系管理是管理他人情绪的艺术。它要求人能在了解他人情绪的基础上，采取相应措施，与他人建立并维系良好关系。一个人的人缘、亲和力、人际关系和谐程度都与这种能力有关，充分掌握这种能力的人往往是那些优秀的员工。

三. 情商与智商的不同

情商是一个与智商关联度很高的概念。智商主要表示人的逻辑处理能力和语言能力，而情商则正相反，它表示的是人的社会生存能力，是人在社会生活中生存与发展的智能。情商是在准确把握自己的感情的基础上，及时调整自己的情绪，对环境采取适当行为的能力。

在一般的人看来，智商高的人办事能力就很强。但事实并不如此，很多智商高的人处理人际关系的能力很弱，由于得不到周围人的支持和帮助，他们的能力往往很难正常发挥出来。

四. 情商与“阳光心态”的区别

现在有很多人将情商等同于“阳光心态”。不知从什么时候开始，“阳光心态”这个词在职场中很受欢迎。所谓“阳光心态”，用一句简单的话概括，就是“不管面临多大的困难都要乐观地向前进”。

“阳光心态”的典型表现就是英国诗人雪莱的那句诗：“冬天来了，春天还会远吗？”这是一种正面的、积极的思维方式，对于在现代职场打拼的公司员工来说尤为珍贵。

的确，情商高的人普遍都保持着一种“阳光心态”，但这并不意味着“情商=阳光心态”。情商是一种构筑良好人际关系的有利工具，而阳光心态在本质上仅仅只是一种思考问题的方法。也可以这么比喻，情商是一种处理人际关系的操作系统，而阳光心态则是一种在这种操作系统上运行的软件。

在现代心理学中有“正面幻想”的概念，它的意思是人们都应该朝积极的、正面的方向努力。然而，它容易构成一个陷阱，使人不顾客观和自己的实际状况，造成盲目乐观甚至冲动，而情商的最大前提是对自己有客观清醒的认识。

第二节　提高情商的意义

一．为什么要重视情商

先来看两个具体的例子。

例一：今天是星期一，天气晴朗。小刘哼着小曲进了办公室，他还没把包放下，顶头上司王经理就朝他走了过来：“上星期五，你发给南奥公司的合同书出了差错你知不知道？我跟你说了多少遍，为什么在发传真之前不让我看看？你到底在想些什么？”

“我当时是想……”小刘被老板训斥得有点儿喘不过气来：“我当时看见你很忙，而这又是个小合同……”一大早就挨批，想想就有些晦气，于是小刘的声音也开始大起来了。

“你说什么？”王经理没料到小刘不仅不认错，反而顶起嘴来。

不知不觉之中，两人说话的嗓门越来越大，办公室里的其他同事以为他俩在吵架……

例二：为了完成长风公司的广告设计，小马昨晚熬夜到凌晨三点才睡觉。他相信自己的创意会让客户满意的。一上班，他就带着稿子来到上司程经理的办公室，想让程经理尽快审定，自己好与长风公司把广告设计合同签下来。

当小马来到程经理办公室时，程经理正在接电话。原来，由于同事小唐不小心，将广告上客户的联系电话少写了一个号码，客户在电话里提出了巨额的索赔要求，程经理正在一个劲儿地跟对方说好话。

看着上司那狼狈不堪的样子，小马心想自己多等一会儿没关系，就站在程经理办公桌对面等他把电话打完。程经理刚放下话筒，小马就把广告稿递了过去："老板，这是我熬到今天凌晨三点给长风公司做出来的设计稿，麻烦您看一下，我想尽快把这个广告合同签下来。"

"这事回头再说！"说完，程经理就埋头忙自己的事去了。

小马不明白为什么别人工作出错，程经理却要难为自己，他站在程经理办公桌前发呆……

上面这两个例子在我们的日常工作中似乎屡见不鲜。无论是小刘还是小马，他们都被上司"无缘无故"地批评，看来都不是工作能力方面的问题。那问题出在哪里呢？问题就出在他们的沟通能力上，也就是说，他俩的情商不太高。从这两个例子可以看出，职场情商就是能构筑和谐的人际关系，让自己和周围的同事都能心情舒畅地工作的智慧。

咨询你周围的同事：如果他们在日常工作中有烦恼，是什么原因造成的，估计回答十有八九是"工作中复杂的人际关系"。然而，职场情商是解除人际关系方面烦恼的最有力的"武器"。职场情商很高的人，很容易给人良好的第一印象；他们在工作中即使遇到了困难，也能保持乐观的心态，并用自己乐观的情绪感染周围的人。

二、情商是职场生存的"综合智能"

我们人类是一种感情动物，感情对我们日常行为的影响毫无疑问是巨大的。情商是一种能熟练地调节感情并同时利用感情的能力，用一句通俗的话说就是"一种能控制自己情绪的能力"。

如果不了解自己的心理状态，就不能很好地调整自己的感情。如果不能很好地调整自己的感情，就不可能正常地发挥出自己的逻辑推理能力。也就是说，如果情商不高，那你的智商再高也难以发挥出正常水平，当然，你更不可能去影响你周围的人。为什么这次升职没有我？我到底要怎么做老板才会满意……这些都是不了解自己心理状态的表现，因而也可以说是情商不高的特征。

因此，可以说情商是一种"适应社会生存的综合智能"，但它又不能等同于"同情心"或"体贴入微"等。的确，情商高的人富于"同情心"，对人"体贴入微"，但这些都只是构成情商要素的一部分。

三、情商决定命运

现代职场精英云集，竞争越来越激烈。依靠什么才能帮你脱颖而出？能帮你脱颖而出的最好工具就是职场情商。

小宋和小罗两人是同班同学，都是学计算机专业的，同进了一家IT公司，一起搞项目研发。随着金融危机的冲击，公司很多订单被取消，于是公司决定加强销售。小宋认为专业不对口，大闹情绪，一直想跳槽，却没合适的机会；而小罗则认为做销售可以更深入地了解客户的需求，对研发很有帮助，于是很快适应了新的角色……一年之后，由于订单增加，小罗又回到了研发部，并被提拔为研发部经理，而小宋则由于“工作态度和能力”两方面的原因被炒鱿鱼。

两个能力与起点一样的人命运为何如此迥然？这就是情商决定命运的真实写照。小宋生性高傲，不能把握现实，不了解自己所面临的状况，所以不肯改变自己，最终因不能适应客观环境的变化而被淘汰。而小罗则不同，他知道客观环境变了，自己应该尽快改变现状，所以，他知道自己下一步需要做什么。像他这样能及时调整自己的职业发展目标和途径，就是高情商的表现。

职场情商高的人对自己的状况随时都有清醒客观的认识，能把握自己感情的喜怒哀乐，知道从现在起自己应该做什么、应该怎样做，因此，他们的职业发展空间很大，而发展速度很快。

四．企业的新型人际关系

当企业处于顺风发展时期，企业的经营管理都比较规范，大多数决策都是自上而下的。也就是说，对于普通员工来说，只要上司没有特别的要求，那你就按老样子工作就行了。上司与部下之间，早已形成了默契，双方都按习惯办事，无须承担额外的压力。

但是，这一切已经开始悄悄发生了变化。由于企业生存环境越来越复杂，管理人员为了适应新的环境，开始要改变过去的价值观，抛弃过去的经验，而企业“国际化”的要求，使他们过去认为的一些常识的东西也不管用了。特别是随着大量的“80后”甚至“90后”新人进入职场，他们对一些传统的处理人际关系的原则进行了冲击，因为他们不再只是“执行”的工具，很多时候需要他们先予以理解，这样，管理人员就需要自己先考虑如何与他们沟通。当然，作为部下，你再也不能事事都等着上司的指示了，如果唯唯诺诺、毫无主见，那就随时有被炒鱿鱼的可能。总之，无论是对上司还是对部下，生存环境都在发生变化。

新的生存环境，就必然要求构筑新型的人际关系，而要构筑新型的人际关系，就需要有强大的动力来推进。可以说，情商就是构筑职场新型人际关系的动力来源。加强情商训练，不仅可以提高企业的工作效率，也可以使错综复杂的人际关系变得顺畅。

其实，变化的不只是我们的生存环境，企业和员工们的想法都在改变。企业的领导人在重新审视企业的发展战略，员工在考虑如何更好地适应职场的生存……因此，对于所有的公司员工来说，只考虑提高自己的知识和技能的时代已成为过去，因为你还得适应周围的环境。

能帮公司员工适应新的职场生存环境的能力，那就是职场情商。职场情商是公司员工在职场生存的一种“综合智能”，是处理职场人际关系的“润滑剂”，是一种使自己与周围的人保持稳定而又和谐关系的能力和情感。

现在职场流行“Business is business”这句西方格言，认为生意就是生意，或者工作就是工作，不要把感情等工作以外的东西牵扯到工作中来。事实的真相恰恰相反，因为我们人类是有感情的动物，所有的行为实际上都受我们感情的影响，我们的生意或工作不可能与感情绝缘，因此，情商对我们工作的影响不仅是正常的，而且是必需的。

第三节　情商的构成

一、感情识别的能力

感情识别的能力能清楚地知道自己正在被一种什么样的感情支配着，或者通过表情、声音、姿势等肢体语言读懂对方的感情处于什么样的状态。

正确的感情识别的能力是情商发挥作用的最基本表现。因为你了解了自己和对方现场是一种怎么样的感情，你就能根据双方的感情需求采取恰当的行动。

清楚地知道自己正在被一种什么样的感情支配着，或者通过表情、声音、姿势等肢体语言读懂对方的感情处于什么样的状态……这种能力就是“感情识别”。感情的识别包括以下四个方面。

(1) 识别自己的感情。

(2) 识别对方的感情。

(3) 正确地表达感情。

(4) 区分正确的感情和不正确的感情。

正确的感情识别的能力是情商发挥作用的最基本表现。因为你了解了自己和对方是一种怎么样的感情，就能根据双方的感情需求采取恰当的行动。

在职场上，了解自己和对方的感情正处于什么样的状态是很重要的。比如，你现在有很重要的事必须向上司报告，而这个报告是个坏消息。但是，当你来到上司的办公室后，见他正在用压低的声音打电话。你侧耳一听，原来上司正在向总经理解释上月销售额为什么下降……上司受到了总经理的训斥，那么，当上司狼狈不堪地放下话筒之后，是不是要马上向他汇报呢？如果你现在立即报告，那你正好成为他的出气筒。

即使你现在必须向上司报告，也要注意说话的方式。你不能用“我不了解情况”这样的借口来为自己辩护。在工作中经常被人误解往往都是这样造成的。

二．感情利用的能力

感情利用的能力就是在采取某行动时将自己的感情保持在与之相适应的状态。它包括以下三点。

(1) 通过思考保持最适当的心态。

(2) 通过正确的判断，使双方的感情产生共鸣，同受鼓励。

(3) 能敏锐地发现感情的微妙之处而使之发生变化。

比如，在参加讨论如何将新产品推向市场的策划会议时，你的同事们摩拳擦掌，充满期待。在这种场合，与那种前怕狼后怕虎、顾虑重重的灰暗心情相比，更需要你有一种畅所欲言、跃跃欲试的明快的心情，因为只有保持这种正面乐观的心情，你才能灵感洋溢，产生新的“点子”。像这样，如果你了解了自己面临的状况，你就会有意识地保持一种与之相适应的心情，这就是“感情利用”。

但是，“感情利用”并不意味着随时保持快乐的心情。比如，在实验室里，所有的人都必须集中精力做实验、收集数据，在这种时候就不需要有“快乐的心情”，因为它有可能让你放松情绪，导致失误。这种时候，无论你的心情多么兴奋，你都必须将它压抑，以保证实验工作的顺利进行。

对自己所面临的问题，情商高的人都能判断自己要保持一种什么样的心态，因此，他们不仅自己能保持与之相适应的心态，而且能积极地指导对方也保持同样的心态。“感情利用”的能力经常能帮助你创造性地解决自己所面临的问题。

三．感情理解的能力

“感情理解”是一种能与对方感情相通的能力。

比如，你在工作中遭遇严重的挫折之后，应该保持一种怎样的心态呢？有人可能会感到非常失落、有人会感到悲哀、有人会从此失去自信。即使遭遇了同样的工作失误，不同的人也会表现出不同的心态。像这样能从不同的角度理解各种不同的心态，就是“感情理解”。感情理解具体表现为以下几点。

(1) 能理解各种感情的意义，了解它们之间的关系。

(2) 在传递感情时能解释它们的意义。

(3) 能理解各种复杂的感情。

“感情理解”能力低的人思考问题的方法非常片面，不去了解事情发生背后的真实原因。比如，同事工作出现了失误，有人好心好意去安慰他，结果对方不仅不领情，反而认为他是幸灾乐祸甚至别有用心。之所以这样，就是因为他没去了解对方失误的真正原因，不理解对方当时的心态，只认为失误的人一定就需要安慰。

你按照上司的指示起草好了会议文件，只是不注意将一个句号打成了逗号。上司发现后朝你大发雷霆。为什么为了这么一点儿小事就大发脾气呢？在这种情况下，发挥情商中的“感情理解”能力就非常重要。

“感情理解”的能力还有一个重要的地方，那就是在表达你的“理解”的时候要注意选择适当的方式。比如，对方的愤怒在像岩浆一样往外涌的时候，或者对方非常悲伤的时候……一定要选择准确的言词来表达自己的意思，以便对方能正确理解你的真情实意。

四．感情调整的能力

“感情调整”就是在完全理解对方感情的基础上，利用这种感情来解决问题的能力。

珍妮是前年大学毕业来到某外企行政部的，工作还不满两年。这天上午她来到上司麦克的办公室，提出要辞职，理由是加班太多，无法适应。麦克知道珍妮是一个工作能力不错、同事评价也很好的员工，他不希望她辞职。

因此，麦克在听珍妮叙述自己要辞职的理由时，开始利用情商中“感情识别”和“感情利用”的能力收集珍妮辞职真实意图的信息。他得出的结论是：珍妮虽然不满公司加班太多，她辞职的真正原因是她总感觉自己在“打杂”，特别是一些老员工有什么杂事就交给她，使她缺乏一种成就感。这个时候麦克要通过“感情理解”，找到一种方法让珍妮打消辞职的念头，为公司保留一个优秀的员工，于是，他决定利用“感情调整”来解决这个问题。因此，从这里可以看出，如果不能正确地进行“感情识别”，就不能留住珍妮这个优秀的员工。

另外“感情调整”还包含这样一种能力，无论你面对的是一种什么样的感情，你都能接受它，在理解的基础上选择最合适的方式采取相应的行动，以取得最大的效果。

比如，一个别有用心的同事故意在其他同事面前无中生有说你的坏话，以便激怒你。你知道后非常生气，这是很正常的。但是，你并没有上当，由于发挥“感情调整”的能力，使你认识到，生气不仅不能解决问题，反而会使自己不冷静，失去判断力，更容易让其他同事认为那人说的是真的，这无异于火上浇油。

不过，有时帮助你战胜困难和偏见的力量也往往来自“愤怒”。因此，我们也不能完全排斥我们情感中的“愤怒”情绪，只是我们要利用“感情调整”的力量，将“愤怒”向建设性的方向“调整”。当然“感情调整”的能力不只作用于发怒等负面感情，它对人类所有的感情都可以起到调整的作用。

情商能力发挥作用是从发现别人感情(感情识别)的变化开始，之后采取有效行动的。这种能力发挥作用往往是反复循环的，而且都是无意识的瞬间行为。几乎没人会感觉到“现在我正在发挥‘感情利用’”的作用。

另外，情商的能力也因环境而异，有的人“感情理解”能力很强，但“感情利用”能力则不强。有的人在某种状况下能做到“感情调整”，在另一种情况下却很难做到。

第四节 提高情商

一、正视自己的感情

正视自己的感情是提高情商的第一步，即使是一种让人讨厌的感觉也很重要。

我们的先人有“一叶知秋”的说法，它的意思是从一些细微的变化中可以预测整个大局的变化趋势。

比如，早晨开车去上班，当你发动汽车时，发现发动机的声音有些异样。尽管这种异样的声音让你听起来不舒服，但你的经验告诉你：这异样的声音表明发动机已经出现问题，所以你必须加以重视，否则随时有可能让你半路抛锚。

虽说在职场打拼的现代员工大多相当的理性，但很多人因为自己不喜欢而不重视那些能预测负面事物即将出现的现象。

“真的出现了那种情况又能怎样？到时候一切听天由命吧！”有的人满不在乎。

“给蓝风公司的报价还没发出去？那就算了吧，等老板问起来再说吧！”

“你说恒星公司那个合同？折腾了那么久，双方才刚刚交换名片，离签单还早得很，生意太难做了！”

长期以来，人们并没有明确的情商概念，很多人都是依靠自己过去的经验来处理问题，包括用经验来调节自己的感情。应该说，经验对我们来说非常重要。森林中的一棵树掉了一片叶子，你不太在意，甚至讨厌落叶那种感觉，但经验丰富的人会自觉地考虑这片落叶带来的问题。

虽然“讨厌的感觉”只是一种直觉，并没有告诉你任何具体的事情，但对情商发挥能力高的人来说，他们能见微知著，从而逢凶化吉，永远领先于人。

二．提高感情的识别能力

一天，你的上司把你叫到了他的办公室。他问你：“你负责起草的部门明年的工作计划稿写得怎么样了？”

你看着上司，他既不是笑容满面，也不是乌云满天，脸上毫无表情。由于他毫无表情，所以你在心里琢磨：他问我这个问题到底是什么心情和意图。

“他是对我目前工作的进展不满意，打算换别人来做吗？”

“他是因为我工作进展顺利，所以要来表扬我吗？”

“他叫我来汇报，肯定是催我加快进度！”

“看来他还是讨厌我这个人！”

……

如果你能正确了解了上司此时的情感和意图，那你就能选择合适的方式回答上司的问题。

你知道自己现在是一种怎样的心情吗？是高兴还是悲哀？是郁闷还是气愤……了解自己的情绪是熟练地发挥情商能力的第一步，它对“读”别人的感情也很重要。

如果上司对你沉默不语，那实际上也是一种“语言”，也在表达他的感情。如果你不擅长“读”这种感情，或者不太会把握自己的感情，那不妨进行下面几种练习。

(1) 看无声电影。用光盘(或网上下载)放电影，将声音彻底关闭。这样，你根据主人公的眼神、手势和表情，推测他们当时是一种什么样的感情状态。

(2) 看小说。试着从主人公的对话中推测他们是一种什么样的感情状态。

(3) 扪心自问。问自己现在到底是一种什么样的心情。

(4) 照镜子。检查自己的表情，看自己是否有不高兴的表情等。

三．提高感情的理解能力

上司问你明年的工作计划写得怎样了，你认为这是上司生气了的表现。为了能与上司产生感情的共鸣，你就要想办法将自己的感情疏导到上司所想的那个方向上去。上司生气到了什么程度、他为什么要生气，如果你了解了这些情况，就能理解上司现在的心情，从而产生共鸣。也可以这么说，为了不让上司继续生气，你就要适当控制一下自己的情绪。

所谓感情的利用和共鸣，就是为了实现某种目标而调动自己的感情。也就是说，为了达到某种目标，采取一些相应的行动，调节自己的感情。比如，一些优秀的运动员在比赛前，习惯通过听音乐来调节自己过于紧张兴奋的情绪。当然，也可以利用自己丰富的想象力达到某种情境，以提高自己感情的利用和与对方达到感情共鸣的能力。为了提高自己这方面的能力，可以反复做以下练习。

(1) 听音乐。比如听《梁祝》，想象音乐所描绘的情景或所表达的感情。

(2) 在日常工作中注意观察上司和同事的感情表现。

(3) 在自己感到工作压力较大的时候，听一些自己喜欢的音乐，或到郊外远足，一个人静静地冥想。

四. 提高感情的利用能力

在考虑如何解释那些自己没有做好的事情的时候，应该控制好自己的情绪，并根据对方情绪的变化及时调整自己的表达方式。比如，当你确认上司问自己明年的工作计划写得怎么样了，实际上就是表达对你工作拖拉而不满意时，你最好这么回答上司："对不起！这次未能按时完成起草明年的工作计划，是我的责任。"或者"未能按时完成明年的工作计划责任在我。请再给我一星期的时间，我一定圆满完成明年工作计划的起草任务！"

不管什么人，挨了批评后心里肯定不痛快。但是，如果秘书挨了上司批评就把不痛快的情绪挂到脸上，那就会使现场的气氛更加恶化。当然，最坏的情况是你控制不住自己的情绪与上司顶嘴吵架。

批评过后，上司问你："你还有什么要说的？"

你这么回答："老板您都这么说了，我还能说什么？"

这种回答与其说你是在"认错"，还不如说是在向上司"挑衅"。

相反，如果工作中出现了一些让你高兴的事，而你兴奋过头了，那就有可能引起周围人的不满，甚至有可能引起一些人的嫉妒。

比如，你工作勤勤恳恳、任劳任怨，上司在年底工作大会上突然宣布除了发给你一笔额外的奖金外，还让你到公司总部巴黎"进修"半个月，在那里过圣诞节。当时你听到这意外惊喜的消息时，大声地表示感谢："老板，我非常感谢您，我真是高兴极了！"如果你心里只想到感谢给你发红包的上司一个人，那就有可能引起其他在场同事的不爽。他们可能会这么想："怎么好事都让他一个人碰上了……"

如果不注意自己的言行，就会引起你周围的人对你的敌意，这样，在今后的工作中你不仅很难得到他们的支持配合，反而会遭到许多刁难。总而言之，如果你不理解自己的言行和态度对周围人的感情造成一种怎样的影响，那你今后的工作就难做了。

如果你理解自己和对方为什么产生这样的感情，那么，你就会知道这种感情会发生什么样的变化，从而采取相应的对策。为了提高自己理解感情的能力，在平时应注意以下两点。

(1) 理解人的感情变化是有一定规律的。比如，人在郁闷的时候说话是一种什么方式，感情会朝着什么方向变化。

(2) 在增加关于感情方面的知识的同时，注意提高自己的语言表达能力。比如，自己现在为什么生气？这是一种什么样的生气？在这种生气中，是否掺杂了对自己行为的悔恨？是不是悔恨自己对对方太刻薄了……准确地表达自己的感情，是构筑良好人际关系的基础。

五、提高感情调整能力

为了达到既定的目标，与对方建立良好的人际关系，就要学会调整自己和对方的感情。

比如，你为了取得上司的信赖，在与上司交往的过程中，就需要严格控制自己的感情，既不要过于谨小慎微，又不能阿谀奉承，因为这些行为只能让上司感觉不舒服，甚至产生反感。

当上司批评你的时候，你一定要注意自己的态度。如果上司朝你发火，你用这样的方式来调整上司的感情："不管怎样，您先别发火呀！"或"您这个样子，我真不好说什么。"那只能是火上浇油。

情商不高的人一旦遇到意外事件，就不能冷静地思考问题，喜欢发火，因而对周围的人具有很强攻击性。而且，由于社会经验不足，他们也经常做出一些不恰当的行为。

不擅长调整感情的你，他们大多认为在工作中不能掺杂个人的感情，应当"公事公办"，因此，他们在处理工作时，只注重工作的结果，而不注意这种结果对其他人的感情造成的影响。这就是情商不高的表现。

在日常工作中，在处理每一项工作时，你应尽可能地照顾每一个与此相关的人的"感情"，比如，在做出处理之前，问对方是怎么想的，有什么样的感觉等，这样，就能在了解了对方感情的基础上做出判断和决策。

情商高的人不仅能注意到周围人的感情，而且还能容纳他们的感情，使自己做到“心平气和”。要让自己能在工作中做到心平气和，就要学会把握、利用和控制自己的感情，这对于建立良好的人际关系非常有益。为了提高调整感情的能力，可以多进行一些以下的训练。

(1) 说话尽量明快，少拐弯抹角。

(2) 每天睡前回忆一下自己当天的行为是否恰当（每天只需五分钟即可）。

(3) 在向同事征求意见之前，先检查一下自己是抱着怎样的一种心态与对方沟通。

一般来说，只要按上述三个步骤训练自己，你的情商就会逐步得到提高。当然，情商能力的发挥往往是在无意识之中，而且，这三个步骤瞬间是一气呵成的。

反思：你是否有过向父母或同学发无名火的经历？你认为你能随时认识并控制自己的感情吗？如果不能做到，你将如何改变这种状况？

项目任务：感情识别

1. 任务目标

通过本任务掌握识别对方感情的要点。

2. 任务引入

刘军是龙发百货(上海)公司市场部的新人。这天一上班，他的上司就严肃地问他：“元旦马上就要到了，你明年的工作计划怎么还没交上来？”昨天晚上部门所有的人还在一起喝酒唱歌，大家都很高兴，怎么今天一上班经理就像变了个人似的？他这是什么意思？刘军感到很纳闷，心里琢磨如何回答经理的问题。

3. 任务要求

a．本任务可在教室里或模拟场地里进行。

b．任务应分组进行，可以3人一组，其中1人扮演刘军，1人扮演上司， 1人进行监督和评价。每个人都要轮流扮演刘军。

c．每个同学最好都能按照任务内容设计的脚本(包括情节和台词)演练，并给本小组成员分派角色。

d．每个同学在演练过程中一定要严肃认真，言行符合规范。

e．在实际演练时，老师可以临场发挥，比如增设模拟角色和任务，或全体同学一起对某一小组的演练进行评论。

4. 任务实施

根据实际情况练习识别感情要点。

5. 任务评价

自我评价	同学互评	老师评价

读书笔记